大夏书系 — 教师专业发展

王怀玉　林小燕
► 　主编

智慧教师的修炼之道

成为积极的问题解决者

华东师范大学出版社
·上海·

图书在版编目（CIP）数据

智慧教师的修炼之道：成为积极的问题解决者 / 王怀玉，林小燕主编.
—上海：华东师范大学出版社，2025. — ISBN 978-7-5760-6210-6

I. G424

中国国家版本馆 CIP 数据核字第 2025FT5379 号

大夏书系 | 教师专业发展

智慧教师的修炼之道：成为积极的问题解决者

主　　编	王怀玉　林小燕
策划编辑	卢风保
责任编辑	张思扬
责任校对	杨　坤
封面设计	奇文云海·设计顾问

出版发行	华东师范大学出版社
社　　址	上海市中山北路 3663 号　邮编 200062
网　　址	www.ecnupress.com.cn
电　　话	021-60821666　行政传真 021-62572105
客服电话	021-62865537
邮购电话	021-62869887
地　　址	上海市中山北路 3663 号华东师范大学校内先锋路口
网　　店	http://hdsdcbs.tmall.com/

印 刷 者	三河市龙林印务有限公司
开　　本	700×1000　16 开
印　　张	16
字　　数	236 千字
版　　次	2025 年 7 月第一版
印　　次	2025 年 7 月第一次
印　　数	4 100
书　　号	ISBN 978-7-5760-6210-6
定　　价	65.00 元

出 版 人　　王　焰

（如发现本版图书有印订质量问题，请寄回本社市场部调换或电话 021-62865537 联系）

编 委 会

主　编：王怀玉　林小燕

副主编：赵　霞　陈才英　邓小冬

编　委（排名不分先后）：

王　琼	张修菊	刘伟伟	张日威	刘美芳
鲁　芳	梁慧凌	白力文	肖妹芳	贾俊辉
曹桂萍	王　丹	陈颖婧	徐　莉	马思怡
崔丽霞	杨　柳	杨绪兵	李煜林	李晓腾
罗雯丹	吴　超	杨　秘	王　琳	樊玉玲
黎廷秀	谢晓旋	张继巧	巩淑青	杜中玉
叶斐林	王　娜	白莲花	卓奕璇	李永红
王　华	谢　玉	向小群	杨淑萍	李世勇

目 录

第二章　生生冲突

第三章　家校冲突

第四章　偶发事件

序　言

教师不仅是班级管理职责的承担者，也是一个具有专业性的岗位。如同教师需要不断丰富专业知识、提升专业素养才能胜任教学工作一样，教师也需要不断丰富和提升自身的专业知识与专业素养，更好地引领学生发展。

当前，全国各地纷纷兴起教师（班主任）工作室（坊）的组织建设，这是教师（班主任）提升专业知识和专业素养的重要组织形式。王怀玉名班主任工作室在开展研修时，紧紧围绕"班主任同为学科教师"这一双重角色特点，聚焦"教学与班级建设融合"专题，带领成员全面提升教育教学素养。几年来，工作室形成了独特的研修视角和研修主题，工作室成员不仅带班能力强，教学能力也突出，都已成长为优秀教师，其成员所带的徒弟也都陆续成为当地的优秀教师（班主任）。

许多媒体对他们的研修活动、带班成效、关爱学生、同事互助等有许多报道；教育局对他们的工作给予了许多表彰和奖励；他们每个人都在许多场合分享过自己的带班育人经验，并撰写了大量教育经验文章和著作。

《智慧教师的修炼之道：成为积极的问题解决者》是他们集体研修的新成果。本书通过案例分析和解决策略的介绍，帮助读者更好地理解和掌握应对各种突发事件的方法和技巧。书中涵盖师生冲突、生生冲突、家校冲突、偶发事件等不同方面的案例，详细阐述了如何通过认识、分析、决策、反思等方式来更好地处理这些事件。

在日常教育教学过程中，班级里发生的各种突发事件常常让教师感到棘手和无助。师生间的冲突、同学间的矛盾、家校间的纷争，以及一些偶发事件，不仅给班级的学习和生活秩序带来麻烦和困扰，也形成了对教师工作的各种挑战。面对这些挑战，教师没有退却的余地，必须面对并解决这些问题。作为班主任，教师不仅自身要随时面对这些突发问题，还要不时协助科任老师处理这些突发情况。因此，王怀玉名班主任工作室把"如何应对突发事件"的问题列为工作室主要研修内容，不仅研究了针对此类问题的基本解决流程，形成基本的问题解决策略；还通过不同场景案例，再现教师（班主任）在真实的教育教学场景中，作为亲历者或见证者或协助者，如何处理好这些棘手问题，非常有借鉴性。

该工作室的研修取得了令人欣慰的成果。工作室成员各自提供教育教学中亲身经历的"事件"类案例，并在集体反复讨论中不断修改每个案例的文字叙述，以求能反映出完整的事件情境。进一步对案例的分析研讨，包括分析事件发生的环境、家庭、时间、个性、集体氛围等方面的原因，以及对解决问题的策略和措施进行反思性讨论。教师一方面探讨策略和措施的教育意义和价值，另一方面反思在"这个事件"的处理过程中能否采取更好的方法和技巧，以便把冲突危机转变成教育机会。每位教师都拥有自己处理冲突事件的成功经验，也都能够经过总结提炼写出个人的经验汇集；但只有在"教师工作室"这种团队研修的形式和氛围下，才有可能借助团队的智慧并抽身出来以客观的立场分析、反思、讨论，最终提炼出源自已经发生的事件（呈现为经验和教训）、指向必定还会发生的事件（呈现为理论和策略）的指导建议。在这种研修氛围中，每位工作室成员都增强了对带班工作的理性认识，并通过对已有感性经验和新生理性认识的整合建构，全方位提升自己的专业素养。

本书选取了四类案例：师生冲突、生生冲突、家校冲突和偶发事件。

这些并非孤立的类型，而是相互关联的。师生之间的矛盾和冲突是教育过程中不可避免的现象。教师首先要理解学生的感受，从"公平"和"民主"的角度出发，分析和解决这些冲突。教师还要反思自身行为，以避免冲突的再次发生。尽管师生冲突可能带来困扰和挑战，但正确的处理方式可以将其转化为加深师生间信任的机会。

学生之间的冲突往往源于"竞争"和"嫉妒"等心理因素，而这些心理因素在班级生活中是无法避免的。然而，如果引导得当，这些冲突可以转化为积极力量，推动学生不断进步。教师需要在集体内创造一个友善、团结、协商、合作的文化氛围，以预防和解决生生之间的冲突。

家校冲突通常表现为教师与家长个体或群体的矛盾。理解家长的需求和观点，明确共同的目标，给家长留足"面子"，并充分利用家长委员会的协同教育功能，是解决家校冲突的关键。

看似偶然的事件实则可能包含着必然性。处理得当，常常能够成为班级特色文化建立的重要契机。遇到此类事件，教师必须保持冷静，迅速调用一切资源，协同处理，尽力将影响降到最低。

本书展示的虽然只有四类案例，但其反思结果、分析结论、策略建议等都远远超出案例本身，可应用于更多类型的教育问题中。比如在学校活动中，无论是大型活动还是小型活动，从运动会到音乐会，从艺术节到科技节，都可能出现意料之外的问题。如何解决这些问题，使活动顺利进行，是教师必备的技能。对于学生的心理健康问题，如焦虑、抑郁、自卑等，教师也需要有良好的心理辅导技巧，以便提供必要的支持和帮助。怎样有效地管理班级，保持良好的学习秩序，是教师的重要职责，教师必须了解和掌握相关的管理技巧和方法。如何公正、客观地评价学生，既能激励他们进步，又能帮助他们认识自己的不足，是教师必须提升的专业能力。教师还要建立和维系良好的班级文化，这对于学生的成长和学习至关重要。本书在分析案例问题时，对上述问题事实上也都有所涉及。这些分析讨论对教师更好地理解和处理各种可能遇到的问题都是有帮助的。

本书作者群是实践经验极其丰富的优秀团队，他们解决班级问题的成功经验远多于失败教训。然而，读他们最终定稿的文字时，才感受到他们花两年时间分析自己的案例、反思自己的经验、争论应对的策略，这是一个何等必要的过程！在这个过程中，他们完成的不仅是一本书稿的观点和文字修改，更是一次由感性的教育经验到理性的教育思想的完美升华！作为思想升华的"副产品"，他们为教师读者提供了一部高质量的带班育人指导用书。

北京教育科学研究院研究员　耿申

第一章

师生冲突

教师及学校职责所代表的对班级、对学生的基本看法和要求，与学生个体及群体意愿所反映的对教师、对学校的基本看法和愿望，必然存在差异。尽管教师及学校一方拥有控制局面的绝对能力，但从心理层面看，仍然是一种博弈状态。师生发生冲突的事件五花八门，但本质上多可从学生感受到教师对待全班学生和对待班级事务上是否"公平"来找到原因，而学生通常会把"不公平"的感受归因于教师的"偏爱"。"偏爱"的归因又衍生出把教师的权威理解为"独裁"的心理认知。因此，从学生视角看，班内出现的师生矛盾，都是因为教师"不民主、不公平"导致的。尤其是"公平"（或"公正""平等"），几乎就是学生评价自己教师好的最高标准。

　　分析和解决师生矛盾的关键显然也要从公平、民主理念出发寻找原因，从放低权威身段、倾听学生心声的视角出发理解和引导学生。师生矛盾既然客观存在，教师的工作重心就不是不让矛盾发生，而是不让矛盾影响师生间的良好关系，进而让每一个矛盾都转变成进一步加深师生间信任关系的契机。

　　本章实战案例展示了师生冲突时教师的理性分析和反思，展示了教师解决矛盾的策略和技巧，也展示了教师把解决冲突变成加深师生信任关系的契机的教育智慧。

事件 1：学生不服老师严格管教，怎么办？

〰〰〰〰〰〰

案例呈现

"丁零零——"张老师踩着铃声，三步并作两步冲我走了过来，强压着怒火，说："我无计可施，他简直不知好歹！"说完，又咬了咬后槽牙，转身走向自己的座位，重重地坐下。我这才看到被张老师带过来的小 Z，他缓缓走进办公室，站在我面前，低头不语，面无表情，一副不打算辩解，更不打算反省的态度。

小 Z 不想说，我先找来了当天的值日班长了解情况。班长说："小 Z 一上课就趴在桌子上睡觉，张老师敲了敲他的桌子，示意他坐好听课，但他还是趴着。张老师就说：起来啦！小 Z 大声顶了一句：你烦不烦呀！然后，他趴了一节课。"

这话又激起了张老师对小 Z 的愤慨。他转过身朝着我喊道："不仅是今天这样，他平时上课就爱说小话、传纸条、看课外书，还经常不交作业！他前天默写错字连篇，我让他抄写五遍交给我，现在还没交。昨天，他还跟家长说他听不懂我的课。是这样吗？他听了吗？今天他趴在那里睡觉，我提醒他，他还嫌我烦，有这么对老师说话的吗？"

张老师越说越激动，小 Z 的脸已经开始涨得发红。张老师很可能会激怒小 Z。想到这里，我赶紧打断了张老师，笑着说："张老师，他这么说话，确实不应该。他平时很少这样，今天可能心情不好。"张老师见状也收起了话锋。

事态逐渐缓和，我终于松了一口气。站在我身边的小 Z 虽然还是一脸倔强，泪水却在眼眶里开始打转。看他欲言又止，我低声说："小 Z，怎么想的怎么说，我想听。张老师经常指导你学习，别人还求之不得呢，你反倒顶撞老师。张老师又没针对你……"

"他就是针对我！上次考试，卷面上明明少给我 2 分，张老师就不给我加上，还说扣得严一点可以让我进步。昨天张老师跟我妈说我没交作业，搞得我妈罚我抄课文，我晚上 12 点多才睡！那我今天就睡觉呗。叫我起来听课干吗？我才不想让他管，他也不要来烦我！"

一边是对学生恨铁不成钢的老师，一边是拒绝被老师关照的学生，我没有急于表达自己的立场，避免偏听偏信贸然表达而造成矛盾升级。我要思考的是：当科任老师的"善意"被拒绝时，作为班主任的我该怎么办呢？

案例分析

从张老师的角度看，他本意是想帮助小 Z 进步。他用"抓作业、抓课堂、抓习惯"的方法对小 Z 进行全面教育。张老师面对小 Z 当堂顶撞有种"真心错付"的气恼，也就产生了学生"不知好歹"的想法，但张老师的教育初心是不可否认的，也是师生能够进行下一步沟通的基础。

从小 Z 的角度看，他的抱怨也有一番道理。他进入初中后多次被批评，多次被否定，这让本来就爱面子的他在同学面前有点难堪。青春期的孩子在意自己在朋辈面前的形象。这种"在意"可能是他们成长的动力，也可能是他们情绪的"软肋"。不巧的是，张老师步步紧逼的做法刚好击中小 Z 的"软肋"，使他质疑老师针对自己。

作为班主任，我觉察到这次冲突还反映出师生之间存在"刻板印象"。小 Z 平时是"大错不犯、小错不断"的典型，张老师对小 Z 有"难管教"的印象。当小 Z 遇到同学们私下抱怨张老师作业多、管得严时，他也因为自己的"遭遇"更加讨厌张老师。这也间接造成了师生之间缺乏信任而导致的情绪冲突。班主任遇到这样的问题时，需要积极充当师生沟通的桥梁，帮助张老师获得小 Z 的认可，让小 Z 接纳张老师的善意，化解两者之间的隔阂，让"始于善意"的用心能够"终于美好"。

解决策略

1. 以静制动平情绪，增进理解化误解

面对"势不两立"的冲突情境，听了师生两个人的陈述后，班主任偏向任何一边，甚至中立都是不妥的，当务之急是把两个人分开，这样我就有了表达的余地。我带着小 Z 离开办公室，去空旷一点的地方谈话。我先共情小 Z 的感受，然后表达了老师和同学们对他优点的认可，肯定他的进步和对于班级的价值，善意解读张老师的"区别对待"，以第三方的立场表达张老师对他的教诲之情、爱惜之心，鼓励小 Z 及时表达，避免误会。小 Z 认识到他认为的"敌意"并不存在时，情绪缓和了很多。我也松了一口气，先送他去教室上课。回到办公室，因认可张老师的初心，我以教师的身份放低姿态，向张老师赔礼。接着，我真诚地和张老师研究探讨小 Z 的具体情况，不动声色地引导张老师赏识学生的优点，要从育分转向育人，缓解他的教育焦虑。张老师听了以后，也认同我的观点，确实需要正视学生说的每个有情绪的事件，放低姿态积极沟通。

2. 激发内驱促主动，增进交往育新机

我和张老师一起分析现实情况，协助张老师改进自己教育的方式方法。因材施教的前提是"材"，建议张老师要从了解学生的困惑开始，关注学生的情感需求。例如，目前的激将法不适合小 Z，保护学生的自尊和好胜心更能激发他的积极性。要激发学生内驱力，从"你要我进步"到"我要我进步"，循序渐进地赢得学生的认可，将关系建立放在第一位。消除隔阂后，张老师邀请小 Z 协助发作业、收作业。不久，小 Z 成了张老师鞍前马后的小跟班，当面背课文也是常有的事情了。偶尔，我还是能听到张老师私下"呵

斥"小 Z，但小 Z 不仅不生气，还更努力地表现，想获得表扬呢。

3.班级活动重感恩，班科联席互借力

小 Z 和张老师这么一"闹"，我发现班级有些学生对老师的严格要求不理解，认为老师太"凶"了。深入了解情况后，我开展了班会活动——"听我说，谢谢你！"，通过班级一些正能量孩子对老师的感谢之词，引导班级同学认识到有老师引路的重要性。不得不说，那天小 Z 的现身说法最有说服力了。作为班主任，我主动向科任老师介绍学生多方面的情况，也有助于化解以上矛盾。此后，我经常借由请教和咨询的方式向科任老师了解学生的具体表现，同时也会主动聊聊班级学生。大家互相助力，增加对学生的了解，共同探讨教育问题解决的方式方法。渐渐地，张老师也开始学一些小策略、小"套路"亲近学生，不再只是"硬刚"了。

案例反思

此案例带给我们两点启发。第一，科任老师因为对学生了解不够全面，更多关注学生的学业表现，面对突发事件时可能会误读学生内心的真实想法。教师要有这个反省自觉，当遇到学生"强硬顶撞"时，先平复自己的情绪，及时让自己跳脱现场。然后主动和班主任沟通，了解学生的性格特点，争取班主任的协助。第二，班主任发现班级学生与科任老师之间的冲突之后，要及时安抚双方情绪，让师生之间形成暂时的"隔离缓冲带"。平复情绪之后，全面了解学生的真实内心和教师内在的善意，作为"第三方"间接传递，"软化"和化解矛盾。

[广东省深圳实验学校（坂田校区） 崔丽霞]

事件2：学生强词夺理不服管教，怎么办？

案例呈现

　　辰辰是班级体育委员，爱好打篮球。一天下午放学前，他的铁哥们儿洋洋气呼呼地奔到办公室，找到我说："王老师，你该好好管管辰辰了。这两天他在路上还是忍不住拍球，我提醒他多次了。刚才他又在走廊里拍了，我去提醒他，没想到他却说：'我玩我的，招你什么啦？你去告诉老师啊，你告啊，我怕什么？'而且玩儿得更起劲！"看着一向温和的洋洋如此愤愤不平，我明白如若不是辰辰行为实在过分，洋洋是绝对不会来找我告好朋友状的。

　　看来辰辰对前些天班级讨论的规约置若罔闻，而我之前的委婉提醒他也并不在意。我随即去找辰辰，远远地见他正对着教室外墙投球。我大声叫了辰辰一声，他停下投球动作，改为拿着篮球在手里转圈儿，一副我行我素的样子。我走上前平静地问："忘记不能在教学区域内拍球的约定了？"没想到他顺手将球在外墙上抹了抹，说："这也叫拍吗？我只是拿着球在墙上抹了几下玩玩而已！"又狡辩！我气不打一处来，忍不住大声说："好！那你就在这里继续玩儿给我看呀！"他绷着脸低下头开始抹眼泪。

　　僵持了一会儿，我让他跟我到办公室。按班规他已经超过三次违规在教室外和走廊里玩球，应禁止一周打篮球，可是我又不想因此影响他的运动热情。我语气缓和下来，说："我知道你喜欢打篮球，有时候可能只是无意识地拍拍，但是上周讨论制定这条班规的原因你是知道的。现在如果你作为老师，你觉得应该怎么处理这件事？"他抬头看了看我，停了一会儿，说："如果我是老师，首先我会保护这个爱打篮球的孩子的热情，改变处理方式，比如篮球还接着玩，可以在其他课间不让他出去……"看来他并没意识到班规、班干部公信力的问题。我没有反驳，顺着他的话说："我站在维护你运动热情的立场，和你想的一样，只是现在涉及班级规则执行问题，如何让全班同学信服，明天我们再听听同学们的意见，你也再想想。先回家吧。"

几位科任老师看到了这一幕，也都表示最近辰辰在课堂上好像变了个人似的，总爱钻牛角尖，对同学有道理的观点也总要找个"歪理"来驳斥。我是从五年级开始接手这个班的，过去的一年，辰辰各方面都表现得很积极，就是这个暑假结束返校后，他似乎变得不一样了。为了了解更多原因，第二天上午课间，我找来几个班干部和他的好朋友谈他们对辰辰的了解和看法。孩子们的意见大体一样：辰辰最近似乎越来越傲慢，自己做错了事爱抵赖，也不听人劝；别人要是无意冒犯了他，他又得理不让人。因为他是班干部，很多同学忍气吞声。有个好朋友说辰辰初中会到美国上学，因为家长说国外学习氛围宽松、有趣。我决定再向辰辰几位好朋友的家长了解一下情况，借由"篮球事件"转化一下辰辰，也扭转一下班级风气。

案例分析

这个案例属于"刺头"学生顶撞案例，发生在六年级开学初。六年级学生，开始进入青春期，他们更会察言观色。老师对班干部（或成绩好的）学生的态度，是判断老师是否公正和公平的重要因素。辰辰总狡辩顶撞，教室门外强硬狡辩的那一幕，大家也都看在眼里。作为体育委员，辰辰对制定的规则一而再、再而三带头违反。老师给他机会反省，他依然找各种借口，已经影响到了班内人际氛围……好朋友洋洋告状，更是说明同学对辰辰的言行也忍到了极限。教师通过处理这件事纠正辰辰爱狡辩的毛病，同时在班级树立正气，维护班级规则的严肃性，刻不容缓又需谨慎行事。

再说辰辰，作为班干部，之前各个方面表现突出，工作积极，在老师和同学心目中公信力也高。同时又是家中独苗，家境优渥，父母崇尚国外所谓的"自由教育"。家访中了解到家长承认有意培养孩子有主见，不人云亦云。显然，辰辰成长于这种家庭背景，又处于十一二岁的年纪，自我意识更强，不爱接受别人的意见，慢慢变得傲慢可能还不自知。

对于这样曾经优秀的"刺头"同学，同学们同样处在自我意识"觉醒成长期"，不会像小时候那样顺从他，他们更在意老师对辰辰的态度。因此，一开头洋洋对我说的是"你该好好管管辰辰了"。或许在他们看来，我对辰辰有所纵容。难怪班委们对辰辰的言行不认同时，就用沉默或疏离乃至告状来表达。

面对十一二岁自我觉醒初期的学生，教师如何"解码"这些少年现阶段的成长"瓶颈"，而不仅仅停留在解决"篮球事件"上呢？我决定从规则意识和价值观层面深度介入，引导全体学生初步学会理性判断，学会与同学和谐相处。

解决策略

1. 价值引领，攻心为上

对十一二岁"歪理多多"的孩子讲道理、讲规则，无疑是隔靴搔痒。怎么办？那就用事实说话。辰辰在家人影响下崇尚国外所谓的"自由教育"，但他是否真正理解自由教育的内涵？尤其在孩子心目中，是不是要自由就没有边界和惩戒了？于是，我决定开设一节"国外教育面面观"常识类班会课，消除他们对自由教育的误解。我事先搜集了美国、日本、英国等国家关于惩罚的立法依据以及具体的规则要求（注明出处），还整理了国内社会各界关于惩罚的论述，同时准备了一个有关不找借口的文章的录音，通过投影出示《现代汉语词典》中关于"惩罚""处罚""体罚"等词的解释及问题：

（1）如何遵守班级约定的规则？哪些惩罚是必需的？

（2）如何对待别人的善意提醒？当与他人意见不同时，如何合理表达自己的观点？"狡辩"和"辩论"的根本区别在哪里？

第一次面对这样的论题，孩子们发言踊跃。我暗中观察辰辰的表现。他没有举手发言，脸色红一阵白一阵，一副若有所思的模样。

2. 引导内省，深化认识

我安排学生课后继续查找资料，进一步了解班会上抛出的话题和国外教育中有关惩罚的条款，并结合班会内容及班级最近一些现象写一篇心得。不少学生说这节班会课让他们明白了很多过去不明白的道理，让他们懂得了遵守规则的重要性；懂得了犯错误不找借口，必须学会承担……辰辰在日记里写他看到这些惩罚措施时很惊讶，以前以为美国教育很自由，课堂上可以喝水、可以睡觉，原来也有这么严厉的制度，自由教育也是相对的，并且说感觉自己最近做得太过了，反复触碰制度红线。他还主动提出今后自己不再带篮球到学校，只参与班级篮球队的活动，并提出申请辞掉体育委员之职。我找他谈话，表明我的本意不是为了制止他打篮球，更一直相信他是个优秀的班干部，只是不希望他这种态度使他慢慢变成不受大家欢迎的人。征得他的同意，我将他的日记读给全班同学听，让同学们再说说对辰辰"自我裁决"的方式有何看法。大家积极发言，拥护辰辰继续当体育委员，也相信他能表现得更好。辰辰当场流泪了，不再执意辞去班委职务，并表示一定不辜负同学们的信任。

3. 巧设台阶，消除芥蒂

班会之后，我发现辰辰不再带篮球上学了，课间也不怎么和同学玩儿，喜欢一个人呆坐在座位上。我知道对于一个一直以来"众心捧月"般生活在群体中的孩子，面对这些"直击灵魂"的"重拳"，心理上难以适应，被挫伤了锐气。而我的目的不是去挫伤他的锐气，而是扭转他的观念，督促他自觉矫正行为。针对这一情况，我利用即将开启的年级辩论赛活动筹备契机，邀请辰辰和我一起筹备辩论赛，并拜托他全权负责与平行班级的老师、班委沟通。他沉思了一会儿答应下来。辰辰原本就是个领导力很强的孩子，不出所料，这次年级辩论赛组织得非常成功，辰辰也渐渐"回归"班级，对老师和同学的态度也有了很大变化。更为可喜的是，班级内部人际关系似乎在无形中也变得更加和谐起来。

案例反思

本案例较好地呈现了班主任身为语文教师的双重角色所发挥的作用。教师借助班主任和语文学科写作的优势，巧妙化解师生之间的矛盾。同时，作为教师，面对学生的"冒犯"，我们要善于跳出事件本身，理解孩子成长中的卡点。比如，十一二岁的孩子正处于自我觉醒期。面对他们某阶段的过激行为，教师要理性对待，善于走到背后深层分析问题症结，并及时发掘、改造"焦点事件"。教师要通过具体事件的问题解决和价值引导，让孩子在真实、具体的情境中，逐步形成初步的理性判断及对应的正确做法，并将其潜移默化地迁移到日常生活其他情境问题的解决中。

［广东省深圳市南山外国语学校（集团）第二实验学校　杨淑萍］

事件 3：学生书面"谩骂"科任老师，怎么办？

一阵清脆的手机铃声把我从自我沉浸式的备课中唤醒。我拿起手机一看，是学校书法林老师的来电。"林老师，有什么事？"我话音未落，电话那头的声音如汹涌的海浪，直冲我的耳膜，大意是班里孩子小辰课堂上辱骂了他。林老师正和小辰对峙着，一想到那紧张局面，我挂掉电话，立刻飞奔过去。

一进门，只见小辰低着头，手有一下没一下地扯着衣角，腮帮子涨得通红，好像一只斗败的小兽，站在书法教室一角。林老师一改往日的温和、儒雅，对着一言不发的小辰训斥着。

见我来了，林老师立刻迎上来说："王老师，你看看，这就是你班上小辰的行为！"一边说，一边气冲冲地把我带到一张书法练习桌旁边，指着桌子边缘那被擦过，但还隐约可见的几个粉笔字，让我仔细看写的是什么。我一眼就看到那是一句咒骂林老师的脏话，那几个不堪入目的粉笔字让我的脸"唰"地红了。"这是小辰写的？"我心里充满疑惑。林老师生气地告诉我，他已经找班上的孩子查证过了，就是小辰写的，小辰也承认了。

我先安抚林老师的情绪，慢慢地从林老师的描述中，了解清楚了事情经过：书法课堂上，林老师看到小辰没有认真练习书法，而是和身边的同学说笑，就让小辰站了起来。这一下惹怒了小辰，他在桌子上写了一句咒骂林老师的脏话，被林老师看到了。一开始，小辰拒不承认是自己写的，还和林老师正面冲撞起来。

在我和林老师的沟通过程中，小辰一直低着头，一声不吭。看到他这个样子，想到那一句脏话，我疑惑丛生：眼前这个长相清秀、一向尊师好学的小辰，为什么会做出这样的举动？这脏话背后到底隐藏着什么呢？

案例分析

班上的优等生和科任老师发生激烈的冲突，这可谓一次班级的"小地震"。教师能否处理好这个事件，关乎着班级风貌和师生关系是否良性发展。

在书法教室，小辰一直一声不吭，神情和举止没有表现出羞愧，我隐约感觉出他心里"大有文章"。如果我不把事情弄个水落石出，就贸然对小辰进行批评教育，可能不仅无法妥善解决这次师生间的冲突，还会带来一些负面影响。但是小辰写了侮辱老师的脏话，这是不争的事实，是一个极其错误的行为。如何能让他真正认识到自己的错误，又彻底解决他这个错误背后隐藏的问题，我得沉住气。

林老师情绪十分激动，作为老师，我特别能理解。林老师出于责任心，提醒小辰认真听课。小辰不仅不感激，反而写脏话辱骂，林老师的愤怒实在是"师之常情"。况且林老师平时对学生要求严格，教出了很多书法苗子，学生们也都挺尊重他，而小辰是第一个不尊重他的学生，这才让林老师生这么大的气。处理这件事时，得让林老师真切地感受到小辰的道歉态度，彻底消除怒气。

是不是事发之时，小辰发生了什么其他事情？我先找来几个小辰在班上的好朋友了解情况，孩子们都说小辰当时上课和平常一样，就是被林老师发现了讲小话。按理说，讲小话被老师点名站起来，对小辰这样一个活泼开朗的孩子来说，也不至于引起如此过分的反应。

小辰的举动背后到底有什么原因？我认真梳理这段时间与他有关的事情，立刻想起上个周末，小辰一个人一早坐车去书城看书，没告知家里任何人，让家人着急地一顿找，还报警了，几番周折才在书城找到他。事后孩子和家长说自己心情不太好，想去书城看书散散心。我找他聊这件事时，他只是说以后不会这样了，其他的什么也没说。联系今天这件事，我意识到孩子和林老师之间的冲突肯定有前因！

经过这一番分析，我有了处理这件事的思路。

解决策略

既然孩子不肯多说，继续和他正面谈话，我可能还是会吃闭门羹。于是我想到了用写的方式：一是小辰本身擅长写东西；二是写是自我对话，没有外界的压力，可以让他坦诚地面对自己。

1. 以写代说，打开心结

我让小辰拿着自己的本子和笔，在一个安静的教室里，开始写自己对今天这件事的一些想法。小辰很顺从地去做了。在小辰写的过程中，我一直没有去打扰他。利用这个间隙，我联系了小辰的家长，反映了今天这件事，家长表示愿意立刻来学校，配合老师解决。

家长还没有到，小辰已经把写好的东西交给了我。看完他写的长长的"坦白信"，我证实了自己之前的猜想是正确的。小辰坦言今天和林老师发生冲突，是因为他这段时间承受了很大的压力，而压力的主要来源是周末补习班太频繁、太无聊，自己没有时间看课外书、下象棋，做想做的事。他跟家长多次提出不想上补习班，却遭到反对。"那些压力让我很烦心，总想发泄一下"，今天林老师对他的批评正好给了他一个发泄口。

通过写，我知道了小辰的内心想法，也对解决他和林老师的冲突有了信心。

2. 双向沟通，促进理解

小辰的父母来到学校，我和他们详细说了事情的经过。家长对孩子的举动十分震惊，反复跟我说，孩子平时对长辈都非常有礼貌，邻里们都很喜欢他。当我把小辰写的东西给家长一看，他们瞬间无话可说了，向我坦言：最近小辰确实多次向他们表达了不想周末上培训班的想法，他们每次都鼓励小辰坚持下去，并没有深入地听听孩子的真实感受。

听到这里，我明白了小辰今天与林老师冲突背后的真相，其实是孩子的一种无声的抗议，抗议自己不被理解，不被尊重！

为了尽快妥善地处理好这件事情，我先和小辰的父母单独沟通，把孩子今天行为背后的这些诉求分析清楚。小辰父母认识到问题的症结，表示之后一定尊重孩子的想法。随后，我鼓励小辰面对爸爸妈妈说出自己想说的话。一开始小辰不愿张口，我用坚定的口吻告诉他，爸爸妈妈一定会听他的想法，只管大胆表达。小辰终于鼓起勇气向父母敞开心扉，把自己这段时间的苦闷一股脑宣泄出来，表达了父母不倾听他想法的痛苦。

小辰父母摸着孩子的头，说周末的补习班不去上就不去，这让小辰的心情逐渐好转。小辰也向父母如实承认了自己在书法课堂上的错误行为，言语中有了愧疚。小辰父母和孩子商量后，决定一起去跟林老师真诚地表达歉意。

3. 给予勇气，重拾快乐

到了林老师办公室门口，小辰有些犹豫，不敢进去。"男子汉大丈夫，敢作敢当！"我用这一句话助推了小辰一把，他走了进去。林老师见状，原本的怒气一下子消去七八成。打开心结后的小辰，面对林老师，态度诚恳了，非常郑重地承认了自己的错误，向林老师作了深刻的检讨。在小辰父母和林老师沟通后，林老师怒气全消，语重心长地教导小辰以后要懂得用正确的方式表达情绪，更要谨守尊师敬长的品德。小辰用力地点点头。

事情似乎圆满地解决了，但我发现小辰面对班上同学的时候，有些不自在。我猜他是担心因为自己和林老师的冲突一事，同学们瞧不起他。为了打消他的顾虑，也为了教育班上其他孩子合理表达情绪、正确面对错误，我倡导班级课间开展棋类比拼、结伴阅读等活动，让小辰融入到同学们当中，同时让孩子们合理释放情绪和分享情感。

不久，小辰又恢复了以往的阳光和自信，他和林老师的冲突事件也逐渐被遗忘在班级生活中。但是，那件事情给予小辰和班级同学的成长却烙印在他们青春的纪念册上，那无声的抗议也一直提醒着我，如何走进孩子们的内心……

案例反思

本案例中的林老师比较年轻，面对学生的过激行为，自己的反应也有些"过激"，导致问题升级。师生之间的冲突在小学阶段较为少见，引发冲突的原因主要是孩子的某些需求在学校或家庭中得不到满足。面对师生冲突，教师，尤其是年轻教师要时刻提醒自己冷静，不要直接进行"问题定性"，而要以"课堂大局"为重，淡化个别学生的问题，保证课堂秩序。关键时刻，可以寻求班主任或其他同事的协助，暂时将"当事学生"带离课堂现场，自己先完成课堂教学，事后再深入了解情况进行处理。遇到问题学生，科任老师要谨慎用告状的方式向班主任或家长反馈，而应客观陈述事情经过，一起探索问题背后的原因。这样也有利于班主任理性了解事情本身，更好地协助处理好突发事件。

（广东省深圳市松坪第二小学　王琼）

事件4：用手机处理班级事务被老师误解，怎么办？

晚自习时，教学楼里一片安静，突然从503教室里传来吵闹声。

我快步冲上五楼，童老师正在走廊生气，一句话也说不出来。浩浩站在教室门外，气势汹汹，暴怒地冲着老师喊："你赔我的手机！"说着就一步跨到走廊，双眼发红，一直就这么瞪着。这时，教室门口拥挤着十几个看热闹的同学，教室里议论纷纷，不时有说笑声，乱糟糟的。童老师见到我，怒气冲冲地说："浩浩上课玩手机，还旁若无人地笑，引得班上一阵骚动！"浩浩一听，情绪更加失控，声音都在发颤，哽咽着吼出："是你逼我的，你处处针对我！"

童老师满脸惊讶，尽力压低声音说："刚才上课，浩浩和周围同学说话，我只想提醒他，让他复述问题，他却拒绝回答。他站起来，一副吊儿郎当的样子，似笑非笑地看着老师，什么话也不说。坐下不久，便拿出手机拨弄，还笑出声来，理直气壮地说在买队服。"童老师向我反映情况时，我从浩浩的目光中看到他抑制不住的愤怒。我及时对童老师说："是我考虑不周，同意他使用手机买队服。给我一些时间先了解清楚情况。你先上课，我给浩浩请一会儿假。"

回办公室的路上，我没有责备浩浩，真诚地对他说："幸好你对老师还有点信任，能跟我过来。"浩浩稍稍放松了一些。"能气成这样，一定有原因吧？"我又补充道。过了好一会儿，浩浩才答话："我们篮球队服还没买，下课时，几个同学商量来着，上课铃响后，忍不住又交流了几句，童老师就把我点起来了。我知道他就是批评我，回答对错有什么区别！反正他习惯针对我，我就把手机拿出来了！"

听完，我陷入了沉思。浩浩对手机的迷恋是公开的秘密，童老师看到浩浩拨弄手机，凭经验推测他是老毛病犯了，这也在情理之中。但作为班主任，对浩浩刚才这番解释，我选择相信。可是，两人杠起来的情绪如何化解呢？

案例分析

科任老师和学生之间矛盾激化，班主任站在哪一边都不妥，更不能当面指责，否则会让场面更加不可控制。浩浩是个思维敏捷的孩子，课后活跃，特别爱打篮球，上课却打不起精神，周末发放手机后，精神振奋。上课讲小话，老师点名回答问题，极度敏感、倔强任性、好面子的他，心生反感，想法子反抗。我知道，对浩浩进行简单的说教没效果，得找准切入点，与他深入交流，赢得他的信任，才可能走进他的内心。

再回到童老师。童老师在教学管理中，事无巨细，对事不对人，眼睛里容不得沙子，发现不正之气就会去捋一捋、顺一顺。童老师知道浩浩迷手机，当发现浩浩讲话、玩手机，提醒后，他不仅抵赖，而且理直气壮，童老师就更生气了。再加上童老师平时对浩浩关注度高，盯得很紧，上课注意力不集中点名，作业进度慢点名，考试不理想写反思……殊不知，童老师这种好心的严厉，在学生看来可能就是老师专门找他的茬儿。

老师一片苦心不被学生理解并不少见。作为年轻教师，我通过什么方式与童老师沟通，让童老师能反思和改进一下对浩浩的教育策略，多一点耐心和包容，这一度让我感到为难。不过，这件事刚好是一个契机。经过深思熟虑，我采取了以下迂回的方法化解学生和老师的正面冲突。

解决策略

1. 以退为进，主动担责"降温"冲突

学生与老师对抗，班主任首先要稳定双方情绪，维护上课秩序。若处理不当，学生与老师争执不休、互不相让，课堂会更加混乱，后期的教与学都不愉快。我及时反省，表示自己管理班级考虑不周；当着全班同学的面向童老师道歉，并表示先了解清楚情况再作处理。顺势为浩浩请假，将他带离现场，恢复课堂秩序，不影响其他同学上课。这样既做到尊重科任老师，也没有当场呵斥学生，给当事人一个台阶，为师生留出调整情绪的时间。

2. 把脉问诊，当个有智慧的和事佬

有矛盾时，既要看现象也要看本质，应尽快弄清违纪真相。我把鼓励学生的用语放在批评学生之前，指出浩浩作为篮球队长有责任担当，引导他表达自己的需求。我把读懂孩子放在比帮助孩子更重要的位置上，简短且有温度地问："能气成这样，一定有原因吧？"是理解，不是责备，给学生一个辩解的机会。我从学生可以接受的角度来引导学生认识老师，而不是强制学生接纳老师。我有目的地和童老师聊天，创造条件让浩浩把童老师的话听得真切，了解老师"严管"的出发点。浩浩听到我们的聊天，有所触动，想表达悔改之意，但欲言又止，几经尝试，终于鼓起勇气告诉我，他误解童老师了，觉得自己的言行有些过分，想请我帮他跟童老师说说。我笑着告诉他："我可以帮你，也相信你有更合适的办法与老师沟通。"

3. 把握契机，消除师生隔阂

正赶上学校组织篮球比赛，我不懂打篮球，童老师是我们学校的篮球高手，因此，我提议让童老师担任我们班的篮球教练，童老师答应了。我把这一想法告诉班级篮球队队员，让他们去跟浩浩商量。浩浩非常乐意接受，还主动找童老师商量。从那以后，经常看到师生一起打球，乐此不疲，气氛融

洽。我从童老师那里也证实了浩浩的进步。童老师时不时夸赞我们班球员有潜力。师生有共同的爱好，创造有效的交流机会，是最快、最好消除隔阂的法子。

案例反思

　　这个案例表面上是手机引起的学生与科任老师之间的矛盾，实际上也反映出师生发生冲突后班主任如何处理的智慧。班主任要协助处理科任老师与学生之间的矛盾、冲突，虽有时会为此感到伤神，甚至心生抱怨，但这样并不能解决问题。通过这场冲突的处理，我最大的收获就是，本着处理问题的目的，表现出对当事人的尊重和作为班主任的担当，让班主任在学生和科任老师中起到一个无声的榜样示范作用。事情解决之后，通过邀请科任老师参加班级活动，让科任老师感受到学生对他的喜爱和信任，也有助于科任老师消除对班级学生固有的刻板印象，形成和谐的师生关系。

（湖北省保康县中等职业技术学校　张修菊）

事件5：临时代课引发学生不满，怎么办？

〜〜〜〜〜〜

案例呈现

"出来给我道歉，要不我不会给你们上课的！"一句震耳欲聋的话语响彻整个教室。再看看台下48位同学垂着头，红着脸，默默地端坐着。

就这样，教室里静得只听到风扇吹动的呼呼声；就这样，僵持了整整3分钟，依然没有一个人站起来承认是谁带头起哄……

5分钟过去了，仍旧没有一个人主动承认！而我已经完全被这个事件冲昏了头，一口气把"那些同学"数落一遍后，撂下一句话："出来给我道歉，要不我不会给你们上课的！"

然后，我悻悻而去，等待想要的结局出现……

这是发生在十年前的一幕情景，至今仍旧历历在目。事情的起因很简单，就是体育老师请假，学校委派我去代课，我信心满满地准备好好上一节语文课，可是当我从后门走过时，就听到乱作一团的教室里齐声高呼："我不上语文课！"连续两遍的呐喊，迫使我停下前进的脚步。正等我调整表情，转身要进入教室时，又听到一阵桌椅的敲打声和嘘声。我的怒火噌地一下就达到了顶点。这些声音不住地敲打着我的内心……

初登讲台的我，站在自己的角度感到万分委屈：作为一名勤勤恳恳、兢兢业业的语文老师，怎么能听到这样的声音？作为一名时时处处都为学生着想的老师，怎么能接受这样不公平的待遇？我不甘，我不服……我越想越气，越想越怒，于是就上演了开头的一幕。

事情还没有结束，无奈下一节课还是我的语文课。上课铃响了，我还在迟疑，教室里传出一阵阵朗朗的读书声。可我不知怎么，鬼使神差地走进去，再次用那冰冷的口吻说道："那些喊了口号、敲了桌子的同学，都出来向我道歉，要不我不会给你们上课的！"这下，一盆冷水泼下来，教室里的空气立马又凝固了！话一落，我就又走到了教室门口，等候"他们"的出现，以此证明我的决心！可无奈，依旧没有等来一个人。于是，我又开始放出大招，把我心中的"好学生"叫出来，让他们写出一个个名字……然后，我将名单里的共同名字进行整理，再一个个叫出来询问、证实。就这样，事情最终才有了一个我自认为的"完美"结局。

而后的几天里，我发现语文课上没有人回答问题了，没有人向我点头微笑了，也没有人围绕在我身边说长道短了。虽然偶尔有几个"好学生"助阵，但是比之前少了太多；之后我发现很多孩子看到我会绕着我走或低着头溜走；很长一段时间后，几个孩子无意之中泄露秘密跟我说，他们已经不与那些"告密人"做朋友了……我一脸愕然，看着这一切的变化，内心愧疚不已。

案例分析

这是一个关于师生冲突的事件。那时的我，初出茅庐，年轻气盛，对教育的理解就是认真、严格，对学生有比较高的期待与要求。一旦学生抗拒或违背老师的意愿，我就觉得学生在挑衅自己，师生冲突自然在所难免。这是年轻老师经常会遇到的情形。

细细分析，事件起因很简单，因学生的不当言论引发教师的情绪，而后不当的处理方式导致师生关系与生生关系恶化，对孩子的心理也造成了不好的影响。

从学生角度来看，因体育老师有事请假，学校安排语文老师代课并占为己有，一部分同学表现出不当行为，其他同学在从众心理的驱使下附和，借此表达不满的情绪。

从老师的角度来看，在学生有不良言行时，老师没有及时与之沟通，而是只顾情绪的宣泄，用专制独裁的手段处理问题。尤其是在采用"杀一儆百"的策略失败后，又采用"举报"的方式，促使事件不断往坏的趋势发展，加剧师生之间的矛盾。

从事件的教育效果来看，这是一次非常失败的师生冲突处理事件，既没有解决问题，树立教师的威信，又破坏了师生关系，加深了师生的隔阂，对后面的教育教学都产生了非常不良的影响。

解决策略

1. 学会反思，改变自我

曾子曰："吾日三省吾身。"反思是教师促进专业能力提升的必备能力。可以看出事件中我的言行不当，处理方式也不合理。因此，学会反思，改变自我，是解决这个冲突的第一步。

新时代的教育工作者应该与时俱进，在尊重学生、关爱学生的前提下，发扬民主型的交往方式，与学生建立良好的师生关系。在师生关系方面，社会对教师提出了更高的要求。因此，我通过升维思考，反思自己的教育教学行为，研究"自己"，为自己建立成长档案，了解自己的个性、兴趣爱好、为人处世的方式；进一步明确我该做什么，能做什么，做了什么；深入思考自己的管理方式，怎样去发挥自己的优势……以这样的方式，我不断与自己进行深层对话，不断剖析自我、突破自我，重塑认知模式。

然后，通过阅读专业书籍、记录教育故事、撰写案例反思、请教导师支招、与同行交流分享、参加专题培训学习等形式进行自我教育，从职业操守和教育行为上反躬自省。我慢慢认识到教师是个"交心"的职业，要想和学生融为一体，就得想学生之所想，念学生之所念。我更应如此，在被听到的一些"外在声音"迷惑内心时，应将师生关系放在第一位，互相理解、互相尊重、互相倾听、互相对话，构建信任、和谐的师生关系。

反思当时自己的行为，实在有失教师风范。我采用逼迫的方式让学生承认自己的错误，这种做法显然是不理智的。不仅一步步紧逼，还使双方陷入僵局，解决不了任何问题。如果当时采用"冷处理"的方式，将个人情绪放置一旁，不必太过在乎学生的情绪，悄无声息地弱化学生的错误行为，冲突就不会升级。甚至还可以用"原来同学们敲锣打鼓地欢迎我上课啊！我真是太开心了！"这样幽默风趣的语言，"一笑泯恩仇"，机智化解自己的尴尬，也化解学生的负面情绪，用迂回的方式让教育无声地发出强大的力量。

2. 艺术沟通，换位思考

此次事件过去后，通过询问与核实，我发现小志、小森、小海三人是这件事情的起头者。他们三个是班里的"典型"人物，每天状况百出：不完成作业、扰乱课堂纪律、课间打打闹闹……总会惹出一堆问题。如果还像往常那样苦口婆心、耐心教导，所起到的效果恐怕微不足道。于是，我将沟通过程分为三步：第一步，了解事因，走进心里。经过沟通，我发现他们当时只想发泄体育课被占的情绪，没有蓄谋、串通，也没有故意针对老师，只是纯粹地表达个人需求。第二步，改变沟通方式，改变认知。对这三名学生，我不再呵斥批评，而是用教练式的沟通技术打开他们的话匣子。一问："你想上体育课，是吗？"二问："那你想做点什么来达到你的目标呢？"三问："你的办法非常好，如果再遇到这样的事情，你会怎么办？"小海说出了很多想法，小志和小森也附和着、补充着。连续"三问"，带着他们回顾整个事件，与自己对话，分析自己的行为及言语，从而知晓解决问题的方式。最后，我又以"你准备怎么做呢？"等问题追问，引导学生思考解决问题的方法，探讨学生表达需求的合理路径，促进学生养成自己解决问题的能力。

苏联教育家马卡连柯认为："摆在我们面前的始终是一个双重的对象——个人和一伙人。"个体教育和集体教育融合起来，才能相互促进、相互提升。于是，开展一场"老师该不该代课"的辩论会是行动的第一步。我带着学生用辩证的观点看待问题，深入本质，对事件的利弊进行分析。同时，在学生形成自我认知的基础上，再以"老师，我错了吗"为主题开展一节微型心育班会课，这是进行集体教育的第二步。以此种方式走进学生内心，引导学生辨别自己行为的对错，教导学生学会做人，学会沟通。

艺术的沟通离不开专业的沟通小技巧。我一直坚持学习教练技术、认知行为疗法、行为契约法等专业沟通技巧。针对此事件，我采用教练技术发问技巧来处理。首先，"缓和情绪、弱化冲突"，给学生说话的机会，让学生倾诉，以此来缓和双方的情绪，为沟通创造一个良好的氛围。其次，再选择时机进行"换位思考、平息冲突"。教师主动换位思考，坦诚承认自己的错误之处，引导学生遇到问题时学会换位思考，客观、公正地看待这个问题。产生共情，互相理解，任何冲突都能得到较好的解决，也有助于建立良好的师生关系。

案例反思

这是我初任教师时发生的故事，现在回想起来颇感惭愧。面对全体学生的"公然挑衅"而能保持理性，确实考验着教师的自身修养。

这件事是使我作出极大改变的一个"关键事件"。记得那件事发生后，我给全班同学写了一封信，就自己不当的言行向同学们表示真诚的歉意，对学生的宽容大度表示赞赏和感谢，同时与学生达成共识：以后代课的教学内容参考学生意见。这样，通过后续的弥补方式，师生冰释前嫌，很多孩子也用一封信的方式回应了我。这让我在今后的教育之路上更加坚信教师的"威严"不是靠吼叫和严厉装出来的，而是凭着学生对你的信任和爱的回应折射出来的。

（广东省深圳市荔湾小学　刘伟伟）

事件6：学生误以为老师"偏心"，怎么办？

~~~~~~~~~~

案例呈现

"哐当"一声，门被撞开了，菲菲喘着粗气跑进来，看上去情绪非常激动。正在批改作业的我，在疑惑中停下笔站起来："菲菲，你……怎么了？""我想知道，为什么参加这次比赛的是澜澜而不是我？你平时说我这好那好，原来都是假话！你到底爱不爱我？"一阵连珠炮般的质问过后，她便两手捂着脸哭起来……

说实话，身为中职班的教师，日常工作中，我确实很善于"放大"学生的闪光点，从不吝啬对他们的赞美。菲菲是领读员，性格爽快，责任心强，班级的事情总是处理得有板有眼；澜澜是科代表，性格温柔，说话声音不大，但是做事有章有法。她俩既是我的"左膀右臂"，也是彼此的好朋友，经常一起来我办公室商量事情。

发自内心地说，我对菲菲总是更偏爱一些。菲菲7岁时父母离异，从此母亲杳无音信，父亲不到半年再婚，继母很快生了弟弟。虽说表面上一家人和和气气，但菲菲告诉我："后妈不爱我。"听到这里，我心里一紧，把她轻轻抱在怀里。我同情这个孩子的身世，所以格外关注她。有好吃的零食、好玩的东西，我总会分享给她，也经常表扬她学习认真、做事踏实，希望她能感受到老师的鼓励。

让菲菲如此生气的是参加班级辩论赛的资格问题。我们学校语文节活动中有年级辩论赛项目。这次在同学们的一致推选下，澜澜和菲菲以同等票数拿到了辩论赛参赛资格。到底让谁去呢？两人各有优势：菲菲经常参加演讲和朗诵，善于表达且气场很足；澜澜虽然说话声音不大，但学识渊博、思路清晰。看着这么优秀的两个孩子，我不知道该怎么办了。善解人意的澜澜看出我的难处，主动退出："让菲菲去吧，她更有实力。"澜澜的举动其实在我意料之中。这孩子非常谦逊体贴，去年辩论赛就是澜澜弃权，菲菲才以绝对领先的票数获得了辩论资格；但是菲菲不能永远靠别人给她让路，这对她的成长绝对不是一件好事。于是，我对澜澜说："你跟菲菲旗鼓相当，去年菲菲参加了，今年票数又一样，这次该你上了。你去把菲菲叫来，我跟她解释。"

看着撞门而入的菲菲情绪如此激动，我赶紧拉她坐下，先没说话，而是给她泡了一杯柠檬茶，顺手递上纸巾，帮她擦拭奔涌而出的眼泪。她哭得更厉害了。我抚慰着她，心想这个缺乏爱和关注的孩子，正在用一种特别的方式来保护自己。我决定采取一些措施，让这个孩子重新认识什么叫爱。

案例分析

菲菲为什么那么难过呢？

菲菲性格强势，澜澜温和，在遇到两人争执不下的时候，澜澜习惯退让一步，这使菲菲更加得寸进尺，她认为这是澜澜对她的"爱"；同时她认为，比得过优秀的澜澜，就是比过了全班人。所以，当澜澜告诉她辩论赛的事情时，菲菲勃然大怒；而且之前为了保护菲菲的自尊心，澜澜主动弃权退出竞选的事情，我也没有告诉菲菲。这样看来，我的这个举措也并不妥当，菲菲理所当然地认为自己是凭实力当选的，于是，她愈加好胜、强势。

从家庭来说，父母离异后，母亲的缺席造成她情感上巨大的空洞：对生活的不安全感、对周遭的不信任感、对情感的饥渴感，让她一直不停地向外索取，不断想办法证明别人是否真的爱她。菲菲的父亲因离异对女儿心怀愧疚，在女儿身上花了很多时间，但他的要求也是很严格的，希望女儿能够更加优秀。菲菲没有辜负父亲的期望：她成绩突出，全面发展，是老师和同学眼中的学霸。但她认为只有优秀才是值得被爱的，只有不断追求卓越，才能从严厉的父亲那里讨回一点关爱，否则就是"不被爱"的。作为这样一个特殊家庭的孩子，我对她表达关爱，这大大满足了她的优越感和虚荣心。于是，好胜、强势的菲菲愈加霸道。

反观我自己，作为教师而不自觉地偏爱她，于是她对我的要求逐渐升级，这实际上对其他同学造成了一种隐性伤害。不管哪个年龄段的孩子，对老师是否公平是非常敏感的。我应该自觉意识到这一点，多一些反思和自我洞察，并注意自觉克服，平等地对待每一个孩子。

而对菲菲来说，如果不能及时纠偏，她会不断向周围的人索求爱和关注，以证明自己是多么优秀，而不能接纳真实的自我，如此何谈幸福呢？所以，我得采取一些措施来帮助她了。

解决策略

1. 空椅子技术，体察自我

人与人之间，最难的是理解。当你站在他人的立场，体察他人感受和情绪时，彼此之间的冷冰开始消融。菲菲的问题是个比较复杂的心理问题，我打算通过体验式活动让她体会不断付出的澜澜是什么心情。于是，我采用格式塔流派的空椅子技术，先让两人坐在椅子上开展对话，诉说自己的感受，然后再让澜澜和菲菲分别扮演对方，进行二次对话。通过这场对话，菲菲知道了去年的辩论赛是澜澜弃权成全了她，她知道了澜澜心里藏着与她交往的各种委屈，意识到她差点儿就要失去一位最好的朋友了……

我送给她一本书《伯恩斯情绪疗法》，让她与澜澜共读。每当她感觉身边亲密的人对她不够关注，或者感觉自己必须赢得某事时，我鼓励她把自己彼时的心情、感受、想法都一一记录下来，并教给她如何体察自己的负面情绪，与之和睦共处。

2. 实地家访，追溯根源

菲菲在学校的异常表现，根源在家里，在情感最需要滋养的童年里。在菲菲记录焦虑情绪一段时间后，我敲开了她家的门，和菲菲爸爸开门见山地说了菲菲在人际交往上的问题，并表达了对她未来的担心，同时明确要求：家人应该在生活上给足关爱，学习上给予支持，情绪上多些倾听，对孩子无条件接纳和包容。菲菲爸爸眼眶红了，说难为老师了，家长没有关心到的老师都关心到位了，全都按照老师说的做。菲菲爸爸非常给力，从那以后，我们的沟通更加顺畅。

3. 志愿活动，服务他人

我信奉阿德勒的个体心理学，知道一个人要想获得更多的幸福源泉，就要向他人贡献自己的力量。家访后的第二周，我把菲菲推荐给了学校的服务U站，这是深圳市高中的一个志愿者联盟。菲菲的生活更加充实了，她跟着服务U站的志愿者去深圳北站帮旅客提行李，去社区里做义工，每逢节假日还去区博物馆担任"金话筒讲解员"。

菲菲的生活节奏非常紧凑，我看到她越来越喜欢与同学在一起，男生和女生跟她的关系都非常好，感到十分欣慰。高二下学期的时候，在同学们的一致推选下，菲菲成为班级的心理观察员。我对她说，这个岗位职责重大，要能敏感细致地体察出同学的情绪波动，并把情况报给我和心理老师。菲菲拍着我的肩膀说："老师，谢谢你的爱！"从强势、霸道到主动付出和乐于贡献，菲菲最终成长蜕变，真正体会到爱的内涵！

案例反思

这个案例有点复杂，既有师生冲突，又有同伴矛盾，还有家庭原因。教师要通过错综复杂的现象，去洞察孩子内心的症结。在看似好胜、霸道的外表下，其实是对自我的不接纳，对亲密关系的不信任。教师在"解码"学生异常举动后，需要采取适当的技术手段，分当下、中期和长期三个阶段去解决学生的心理问题。教师带着学生去体验、思考、观察，让学生最终明白"爱不是强势占有，而是付出和奉献"，理解"通过变得优秀来获得他人的爱，不如让自己做生活的评判者"。在对学生施加影响的过程中，教师同时完成了自我反思和自我提升。

（广东省深圳市博伦职业技术学校　张日威）

事件7：学生质疑教师权威，怎么办？

期末放学前，德育处让副教师组织学生对教师进行民意调查。有个组长因为迟交了，就把民意调查表交给了我。

放学了，我站在讲台上收拾，不经意发现调查表上写了不少字。有这么一句话，让我血压陡升："我们爱芳姐，但希望芳姐不要总是高姿态，要先了解情况，再对学生问题进行评判！"翻看下面的，还有一张写着："希望芳姐多倾听我们的心声。"这一刻，我百感交集。我这么努力地为班级付出，几乎是竭尽全力，为什么学生不懂得感恩呢？我反思自己，是什么时候，哪件事没有处理好。

我想起来，这个班调皮生比较多，我也因此显得更加严厉。尤其是对一而再再而三犯错的学生，我的容忍度确实不高。比如马同学，一贯扰乱课堂纪律，还经常顶撞老师。我与其家长面谈过，家长说孩子在家经常吼爸爸，对妈妈更是肆无忌惮，不听管教。看来只能靠我的严厉教育了。我有意拿他"杀鸡儆猴"，结果越是盯得紧，他的问题似乎越多。

开学以来对他的教育似乎不起作用，错还是一犯再犯，今天撕A同学的书，明天霸占B同学的书柜……本来我想静下心找他谈谈，但是他那种目中无人、不可一世的态度，实在让我七窍生烟。于是我想冷处理，先不找他细聊。就这样，我没有跟他倾心交流，只是强压，于是就无法走进他的内心。

第一章 师生冲突 031 ●

现在回想，我对马同学的态度，伤了他的心，也让部分同学感觉我高姿态、太强势吧。

案例分析

这是发生在初一下学期的事情。和学生相处半年多，我的重心放在班级常规制度管理上，而有意无意忽视了与学生走心、深入的交流，因而让学生感觉我高姿态、强势。

从学生的角度来说，当自己的老师还是所谓的具有"名教师"头衔的老师时，内心会更多存有敬畏或审视的复杂情感。民意调查之后，我在课余时间曾找过几名学生沟通。他们起初支支吾吾，后来看我很真诚，便表示对我过于"权威的"教学方式有所抵触，部分学生已经有了抵触情绪，认为老师说什么似乎都有"问题"。

作为教师，尽管我一开始对学生如此的反应感到有些意外，甚至还觉得学生不领情，但是深刻反思，根本问题确实出在我身上。现在问题暴露出来，并不是坏事，我要学会化危机为契机。我决定后续通过课后谈心、作业留言条等多种方式，增强与学生之间的沟通。同时，在日后的教学工作中，遇到问题不急躁，多听听学生的真实想法，而不是一锤定音下结论。

解决策略

1. 真诚沟通，学会"示弱"

一个艳阳高照的夏日，我利用自习课的时间，准备了一些零食，以茶话会的形式跟全班同学开"谈心会"。"同学们，升入初中半年了，芳姐忙得一直没时间跟大家谈谈心。今天我们就以'我印象最深刻的教师'为话题，聊聊小学以来的教师吧，他们身上有哪些特点或者事情让你印象深刻呢？"

当孩子们七嘴八舌都在描述自己印象深刻的教师时，我在细细倾听着同学们的真心话。那一个多小时，大家都袒露了心声。最后，我语重心长地说："同学们，无论哪位教师，他做事的出发点，都是为了教育你们，助你们成才。但是人无完人，我们都有管理的方式方法需要改进。所以，今后，我真诚地希望大家积极跟我当面提建议，只要言之有理，有利于大家的成长，我都会接受的。"

这可以说是万里长征迈出了第一步！针对班级比较调皮的孩子，我需要趁机转化，否则迟早还会发生师生冲突。

2. 给予舞台，培养责任感

责任心，是个人对自己和他人、对家庭和集体、对国家和社会所负的责任的认识、情感和信念。对于一个常常违规的孩子，问题的核心就是他缺乏责任心，对家庭、对集体、对国家都没有责任心。

那责任心怎么培养呢？我觉得这需要让学生融入集体，让他觉得自己是班级不可或缺的一分子！我班实行小组捆绑制，每个小组六人，从交作业到打扫卫生各种事宜都以小组为单位完成。让比较调皮的孩子在小组中找到归属感，从而培养他的责任感，这是非常重要的渠道。

班级持续组织"小组一台戏"活动，每逢周五自习课，有两个小组上台表演。比如小 A 同学，他所在小组的男生都比较内向，就他活跃，所以他自然成了主角，扮演"真假美猴王"中的"六耳猕猴"。为了这出戏能够顺利演出，下午放学后，他想要溜去打球，被组长劝住去排练。几次下来，他们组的演出非常精彩！我也趁机在班级和班级家长群中好好表扬了这个小组，特别表扬了小 A 同学的精彩演绎。

我的各种举措，让孩子们觉得每天的生活过得有意思，在集体里被他人需要，慢慢增强了责任心，生生矛盾少了，师生关系自然更加融洽。

3. 民主管理，察纳雅言

亲其师，信其道。学生喜欢的老师一走进课堂，课堂气氛就会显得很活跃、很愉快，学生的学习兴趣会油然而生。反之，学生对某位老师产生了厌恶或恐惧，那么对他所教的课也不会产生兴趣，甚至因人厌事，讨厌这门课。教师对学生的尊重和关注，是赢得学生喜爱的关键。如果师生间出现感情上的隔阂，则容易引起学生的逆反心理，从而影响教学质量的提高。

后来，我在班级内部采用谏言机制，设了一个"班级信箱"。学生有什么问题都可以及时把纸条投进信箱，这样我可以及时了解学生的思想动态，从而进行工作总结，并根据学生的建议，进行教学方式、管理方式的调整，增进与学生的情感。在日常教学生活中，学生的积极性大幅提升。

另外，我在班级管理中借鉴民主生活会形式，每个月利用班会课，由教师和学生干部、学生个人三方进行自我批评和自我表扬。在孩子们的鞭策下，我在工作中不断地反思，也引导孩子们反思，让反思成为一种习惯，从而营造良好的班风。

案例反思

这件事令我印象深刻，是因为我做教师多年，历届学生和家长对我的评价都比较高。而这个班带了不到一年，学生却发现了我的问题。也正因为如此，我才深刻反思自己的问题到底出在哪里。由于学生的学习基础、兴趣和性格存在差异，我们的教学方式和教学水平难以满足每个学生的期望，偶尔收到学生的谏言是好事。少数学生过激的言论和行为，可能与其家庭环境、个人经历和性格、一时的情绪爆发有关。教师不要反应过于激烈，产生师生对立情绪，以致形成恶性循环，而应想办法引导、帮助学生解决学习和生活上的困难，积极正面地影响学生。只要教师本着爱护学生、尊重学生的初衷，认真履行了自己的职责，面对批评也能无愧于心。

总之，教师需要蹲下来，融进去，和学生"在一起"！

[广东省深圳市宝安中学（集团）外国语学校　刘美芳]

事件8：学生不满评优结果，怎么办？

毕业在即。这一天的班会课上，我们要推选"优秀毕业生"，每班有5个名额。推选流程是这样的：大家可以自我推荐，也可以提名别人，提名结束后，全班举手投票表决，票数高的同学当选。

大家都很认真，也很积极，提名非常快。"我提名小A，因为他勤奋学习。""我提名小B，因为他肯帮助同学。""我提名小C，他为班级做了很多事情，不计得失。""我毛遂自荐，认真学习，孝顺父母。"……最后，提名暂停。我一再确认："请问，还有同学提名吗？别落下每一个想参与的同学。"没有人再提名了，我们进入投票环节。

"赞成小A同学的，请投票！"

"赞成小B同学的，请投票！"

……

我和班长在前面唱票，把得票数写在黑板上。这样，每个同学的票数一目了然，谁能当选，也是一下子就能看见的，没有暗箱操作。我认为这样的评选方式公开、公平。

突然从教室后面传来一声："老师，这不公平！"我循声望去，是小睿。小睿从座位上站起来，脸蛋因为激动涨得通红，头发一贯向上竖起，一副黑框眼镜似乎承受不了他的怒气，快要滑到鼻翼上来了。他用手指着黑板，激动地说："老师，这不公平！"我有点不明白，问："哪里不公平了？你说说看。""你看，票数高的都是几个女生，我们男生当选的就很少，我们班女生多，投票的就多，女生得票就多。我觉得这样对男生不公平！"

我看看票数，明白了：原来小睿的票数不在前五，可是他很想当选。然而，此时此刻我却没有找到很好的理由去说服他。

本来很顺利的流程，被小睿打乱了。尤其是男生，听他这么一说，跟着起哄："是啊，是啊！女生就是占便宜了。"小睿还站在那里，激动地说来说去，说看见有的女生事先打招呼，让同学给她投票，还历数女生的不足之处。有的女生听了这些也忍不住，开始反驳。你来我往，好不热闹！教室里人声鼎沸，乱套了，投票都进行不下去了！

我大声喊道："同学们，安静！""啪"的一声巨响，我把黑板刷拍在讲台上，总算把场面给镇压住了。投票继续，可小睿还是像一只斗志昂扬的公鸡，虽然不再吵闹，但是坐下来时，眼睛瞪得圆溜溜的，嘴巴还小声嘀咕着，一副气鼓鼓的样子。

最终的结果是小睿没有当选。

案例分析

案例中的故事已经过去很多年了，小睿同学已经大学毕业。这么多年过去了，我仍然记忆犹新，因为这是我职业生涯中为数不多的几次师生正面冲突。

首先说说我带这个班的特殊背景：这个班六年级下学期开学时，原语文老师由于个人原因离职了，学校临时抽调我担任该班语文老师。又过了一个月，该班班主任怀孕了，身体不适，学校决定让我担任班主任。离毕业只有四个月了，毕业前班级事务更多，我对学生和家长都还不熟悉，工作确实有难度。但既然学校信任我，我也铆足干劲让班级各项事务有条不紊地开展着。总体上看起来还是挺顺利的，直到这次评优冲突。我带班时间短，和学生的情感联结少。加上毕业前夕，面临升学的压力，学生比较浮躁。平时班级有个小摩擦，个别谈话也就解决了。这次的"投票风波"冲突如此激烈，是我没有预料到的。面对如此公然的"挑衅"，我该如何处理？

再说说小睿同学：性格外向，成绩优良，语文课堂上积极发言，朗读水平较高，放得开，不害羞，因此经常得到表扬。对班级生活很有自己的想法，因为讲话直率，稍显莽撞，偶尔会和同学闹点小矛盾。这次的评选他很想入选，是因为他想进中学的特色班。他认为这次评优是一个很重要的加分项。这是后来了解到的情况。

我当时对小睿同学的做法很不理解。这是民主投票产生的结果，怎么不公平了？显然是他有些偏激了，或者因自己落选而心理失衡。

再从整体上看，班级男生平时就有一点小"冒头"，做操、路队、做值日等都有不尽如人意的地方，我批评得相对多一些，导致一些男生觉得我偏心，对女生态度好，对男生粗暴。所以，当小睿说对男生不公平时，一些男生跟着起哄，在所难免。女同学确实在遵守纪律方面做得比较规范，平时我的态度就温和些，导致男生对我有些微词。

小学阶段，整体而言，女生确实比男生懂事、自觉，而到了小学中高年级，男生和女生的相处问题值得关注。本案例中，小睿在优秀毕业生评选中提出男女生不公平的问题，确实值得我们反思。

解决策略

1. 走进学生心里，关心个体

一般发生师生冲突，某件事情恰好是冲突爆发的一个临界点。冰山下隐藏的部分远比我们看见的多。说到底，案例中评选优秀毕业生的冲突如此激烈，还是老师对小睿同学平时了解不够，关爱不够，没有走进他的心里。事后，我找小睿聊了很多，小睿对我敞开胸怀，讲了他的真心话。他很想进中学的特色班，而这个毕业评优，他觉得可以为自己加分，所以特别看重，并不是出于"搅局"心理。通过交流，我发现冲突点看似是公平问题，实则是学生在追求公平背后的利益分配。这让我作为初接手这个班的"新"老师有些措手不及。随后，我与小睿及家长开诚布公地交流了这件事。其实，毕业评优没有小睿想象的那么重要，应正确看待一时外在之利，重要的是自己更努力、更强大。

2. 关注班级团体，支持引导

通过这件事，我也看到了班级存在小团体现象，否则不会在一名同学表达一个观点后，大家不辨真伪就跟着瞎起哄。经深入了解，班级私底下还真是有好几个小团体。其实，小学高年级学生有固定的玩伴和朋友是正常的，如何引导他们积极向上很重要。我首先了解各小团体的核心人物是谁，做好核心人物的工作，让他们发挥在小组织中的领导力，带着团队成员以小组为单位参与班级特色活动，在班级中形成积极向上的情感氛围。其次，在班级进行讨论，让同学们认识到如果小团体的活动影响了成员的学习、健康，那就是一个"不健康"的团队。

3. 把握教育契机，价值引领

在整个事件处理过程中，我渐渐发现这个班学生的价值观存在一些问题。尽管毕业在即，但思想工作还得做。我后期在班级中组织班会"如何面对荣誉"，让孩子们查找了很多资料，既有埋头赶路的科学家的故事，也有他们当时崇拜的明星的故事。这些获得荣誉的人，一开始并不是冲着荣誉、名利去的。他们专注于自己的事业，勤勤恳恳，才有今天的成就。然后让学生畅谈自己的梦想，顺势引导他们脚踏实地，努力朝着梦想去奋斗，增强学习主动性，为升入理想的初中做实实在在的努力。

案例反思

教育是一门慢的艺术。教育是爱与爱的交流，有爱在流淌，教育才是有生命的。案例中的我当时只想着按流程完成评选任务，缺乏对学生的深入了解和关爱，留下了一点遗憾。如果换作现在的我，因为阅历增加，经验越来越丰富，同时接触、学习了更多的教育理念和心理学实用技术，拥有更多的教育智慧，一定会处理得更为妥当。

（广东省深圳市龙珠学校　鲁芳）

事件9：新班师生关系紧张，怎么办？

下课了，几个孩子凑到一块儿，手里捏着水晶泥玩。我找来班里的同学询问，了解到这些水晶泥都来自一位同学。接手新班时，我跟原班主任谈了许久，对这位同学还算了解。原以为一切尽在掌握中，没想到短短几周，她已经通过分享玩具成了班级里的"人气王"。在入学班会上，我曾三令五申不许把玩具带入校园，就这样被她抛之脑后了？这位同学是在挑战我的权威吗？

我找到该同学了解原委，没想到她一脸茫然，丝毫没觉察到这件事有何不妥。我只能直截了当地说："在新班里，你很受同学欢迎，能很快融入新集体。"但话锋一转，回到玩具这件事上，我再一次申明我的立场，并希望她能配合我，换一种方式交朋友。

没过两天，语文课上，我又发现她在低着头摆弄自己的玩具。我走到她的身边，提醒她要认真听课。她眼睛都没抬，继续低着头玩。我的手还没碰到她，她立刻大力甩开了我的手，还对我翻白眼。我心里的怒火在燃烧，但理智告诉我下课再解决。

下课后，我找到了默不作声的她。为避免自己情绪失控，我深吸一口气，问她是否愿意跟心理老师沟通。她点点头，去了心理咨询室。心理老师把孩子写给我的纸条拍下发给我，上面赫然写着：我讨厌梁老师。

为了弄清楚孩子写下这行字的原因，中午，我跟孩子的妈妈打了一通电话。妈妈跟我转述了孩子的抱怨：都怪老师，因为老师交代她的闺蜜不跟她玩，她在这个班里没有好朋友了。所以，她在课堂上宁愿趴着，也不要听老师的课。

我回想起这几天的事情，一下子就明白怎么回事了。近期班级进行了检测，平时成绩优异的孩子，成绩"刷刷刷"往下掉。这部分同学在课堂上常常开小差，有时还讲话、传纸条，下课后躲在厕所里玩洗手液，上课铃响了也不回教室等。如果任由这些行为在班级里蔓延，麻烦就大了。于是，我找来了这几位同学，跟他们开诚布公说了他们最近的表现情况，并表明了我的担忧。第二天早上来到学校后，几个孩子就把我昨晚说的话告知了请假没在场的这位同学："老师不让我们一起玩了。"

孩子听后感到很委屈，也很难受：老师为什么不让我们一起玩？是不是对我有什么意见？老师的做法真的太过分了。所以，她才有了开头的表现。

案例分析

我刚接手一个新组建的班级，对班级的同学还不够了解。师生之间的信任桥梁未搭建起来，大小问题交织，处理不好，小矛盾容易引发大冲突。

女孩来到新班，在学习上屡遭挫败，没有新的朋友，感到孤独、无助。未在新班里找到归属感的女孩希望通过玩具这个媒介在班里交到新的朋友，但这种方式被老师制止了，她心里已对老师产生了不满。后来还得知老师分化了她组建起来的小团体，此时的她感到难过、愤怒，并向心理老师袒露"我讨厌梁老师"。她向外传达的"老师，我讨厌你"既是情感的正常宣泄，也是在向老师表达她的情感需求。这句话隐含着：如果老师你能尊重、理解我，我还会喜欢你。

除此以外，本班作为新组建的班级，班风建设还处于混乱状态。新加入的学生对彼此还不熟悉，急需在班级中寻找可以依靠的朋友或团体。女孩在班级中，通过带玩具、传纸条等方式迅速吸引了一批同学的注意，快速组建起了一个小团体。这个小团体在班级中发展壮大，对初期班风的形成影响很大，如果任由其继续发展，新班集体将无法形成正向的、乐学的班风。教师必须迅速厘清其中的关系，营造良好的班风，帮助孩子们快速适应新班集体的生活。

再者，新组建的班级里，教师和学生尚不熟悉，彼此都还在相互观望和了解中。在这一过程中，教师如果用简单、粗暴的方式去处理班级各种显性问题的话，就很容易看不清问题的本质，甚至影响师生关系。因此，教师需要以此次冲突为样本，向学生阐明教师的立场，并能站在学生的角度去考虑问题。

解决策略

1. 化解芥蒂，心灵沟通

这一次的"我讨厌梁老师"给我敲响了警钟，让我看到了不满背后隐藏着的教师工作缺失。

与女孩的妈妈通话了解情况后，我提笔写下了一封信。在信里，我站在孩子的角度去理解她来到新班时的孤独、无助，细数了她最近的进步，希望通过这封信，能让孩子感受到我是在乎她的。放学时，她在我的办公桌上贴了一张便利贴：老师，谢谢您关心我。虽然没有署名，但我知道是谁写的。学生要的是老师的关注，要的是老师对她的尊重。而这封信打开了我与女孩心灵沟通的第一道门。

好关系才有好教育。通过与女孩的聊天，我知晓了她最喜欢做的事情是做甜品。为了增进彼此的感情，我决定给女孩一个惊喜。这一天我把亲手做的甜品递给她时，她欣喜不已。她还告诉我，她也想亲手做甜品带过来给老师和同学们尝尝。我欣慰不已，欣慰于她对这份礼物的接纳，欣慰于她对班集体的接纳。

两件小事，为我俩打开了心灵的枷锁，她从"讨厌"慢慢变得喜欢我。爱与尊重，是师生沟通的法宝。

2. 营造氛围，创造机会

在新班磨合过程中，营造良好的班级氛围，创建优良班风，是班级工作的重中之重。主题班会、班级活动都是推动班级班风建设的好方法。

周一，我们开展了主题班会。班会上，我们先讨论了这段时间大家退步的原因。接着，我引导孩子们把原因罗列到黑板上，并写出如果不及时纠正会导致的后果。针对上述现象，让孩子们思考、交流每个问题的解决办法。当孩子们谈到良好班风这个话题时，我适时引导，并表达了对构建班级良好班风的渴望。

在班会结束后，开始组建班级的师徒结对，帮助那些在学习上有障碍又渴望在班级里找到归属感的同学。后续班级里又开展了许多活动。这些活动不仅促进了组员的团结协作，也让大家获得了成就感，对班级有了更多的认同感和归属感。

3. 赢得支持，助力成长

在成长的过程中，家校合力才能让孩子的教育事半功倍。教师在这中间扮演着桥梁的角色。教师可以通过记录孩子的行为，剖析孩子的心理，分析孩子的成长特点，为家庭教育提供及时、准确的指导。在与孩子父母的沟通中，也可以了解孩子在家的表现，通过正向反馈，巩固孩子的好习惯。

经过几次沟通，女孩的妈妈来到了学校。我们把孩子在学校的表现情况如实告知，并提议家长能花更多的时间陪伴孩子，在教育孩子的过程中，学习一些正确的家庭教育方法。妈妈表示会用孩子能接受的教育方式来进行沟通，同时发展孩子的兴趣爱好，转移注意力，帮助她走出坏情绪的圈子。

案例反思

新班级组建初期，女孩引起的这场冲突，引发了我深刻的思考，也深深影响着我后来的教育教学行为。帮助孩子在班级里找到安全感和归属感，才能让孩子真正喜欢上集体、喜欢上校园生活。尊重孩子的正常需求，从孩子的角度去理解孩子，倾听孩子，并且为孩子搭建合适的成长舞台，孩子才能茁壮成长。

现在，女孩在班级里不再需要通过玩具、怪异的表现来吸引同学的注意，她在班级小岗位上出色的表现赢得了大家的一致赞誉。同时，通过同伴互助、教师辅导，她的学习有了起色，她也变得自信、开朗起来。

（广东省深圳市中山大学深圳附属学校　梁慧凌）

事件 10：学生"控诉"老师忽视自己，怎么办？

案例呈现

"老师，老师，小李不交听写本。"突然学生对我喊，我望了望坐在班级偏后位置的小李，他此刻手里死死地抓着自己的听写本，头低低地窝在胸前。我关心地问："小李怎么啦？没跟上吗？没事，先交上来我看看。"小李没出声，依旧死死地抓着听写本，闷着头不出声。我走到他的桌子前，俯身看到了他几乎空白的听写本，再次问他："是不是不会写啊？没事，先交上来，别耽误上课。"

"谁告诉你我不会的！我都跟不上，我问你'桃树'前一个是什么，你也不理我！"小李突然爆发了，对我怒吼着、哭喊着。这个平时迷迷糊糊的小男孩一声怒吼，直接把我喊得愣住了。我感到作为老师的尊严瞬间荡然无存，怒火一下蹿到了头顶，大吼他："有没有礼貌？你自己写不出来，闹什么？"小李听到我的怒吼，哭声变小了，但依旧委屈又崩溃地对我喊着："我都问你了，'桃树'的上一个词是什么，你都不理我，问也不理！问也不理！"我被小李的抱怨搞得一头雾水，我真的没听见他提问。小李再次控诉："我会写！我昨晚复习了！怎么不会写！就是你！你不告诉我！"小李仿佛找到了情绪宣泄的缺口，感觉要把往日所有被忽视的委屈都发泄出来。

此时正巧轮到班级进行核酸检测，全班同学都去门外排队，但小李依旧执拗地坐在座位上哭，无论我怎么劝说让他先排队测核酸，他都拒绝。我只能先带着队伍下楼，拜托生活老师帮我看一会儿小李。结果没一会儿，生活老师就急匆匆地跑来说她拦不住小李，他自己跑出去了。我赶紧到处寻找他，寻遍了整个校园，最终在学校的一个墙角处找到了用电话手表和妈妈哭诉的小李。我走近问他怎么跑出来了。小李妈妈听到了我的声音，语气不善地假装训斥儿子："哭什么哭，没用的东西！你自己差，不招人喜欢，哭有什么用？"我听出了小李妈妈的情绪。此刻小李依旧拒绝沟通，加之妈妈的冷言冷语，小李再次情绪崩溃，号啕痛哭。

因为这场持久的拉锯战，小李错过了学校的核酸检测，要回家补测核酸。当我告知小李妈妈需要带小李到社区补测核酸时，小李妈妈的情绪也爆发了。她大声质问："为什么在学校应该完成的事情，却推给家长？老师你知不知道我有多忙吗？我怎么带他去？"

面对小李和小李妈妈的情绪，我真的是既疲惫又心累。

案例分析

以下从三个维度来分析本案例的背后原因：

首先说说小李同学。小李家中姐弟三人，他是家中最小的孩子，也是唯一的男孩子。父母平日很宠爱他，姐姐对他也谦让照顾，因此他比较任性和情绪化。父母忙于生意，对小李疏于管教。平日小李学习便不用心，学习基础很差，导致班里个别学生嘲笑他。

再回到班级现状来综合看本件事背后的原因。我作为一名新手教师，初登讲台，在对学生不同情况的处理方式上，自感欠缺方法，尤其缺乏整体的班级建设意识，还停留在"头痛医头、脚痛医脚"的状态。班级缺少凝聚力，当同伴之间出现矛盾，学生不会选择包容和理解，更多的是指责和嫌弃。并且班里有几名比较淘气的孩子时常嘲笑别人，甚至欺负同学，屡禁不止。小李就是被嘲笑的孩子之一。

作为一名新手教师，当我发现问题时，其实这样的"不良之风"已经暗中形成了。奈何我精力有限，总是无法顾及更多的孩子，让平时不突出的孩子感觉被忽视。而且很多时候，自己也不够成熟，容易情绪化，面对学生的突发问题和突然的言语顶撞，控制不好自己的情绪，在问题发生的第一时间采用的处理方法不得当。

在和有经验的同事深度交流后，我逐渐梳理清楚了问题的症结所在，也慢慢朝向班级建设和个体建设相结合的班级工作努力。

解决策略

1. 耐心疏导，重建学习信心

在办公室里，看着抽泣的小李，我递上纸巾。又耐心地等了一会儿，小李的情绪稳定了很多。我告诉小李自己特别理解他前一晚认真复习，今天想有一个满意的听写结果，因为今天听写时跟不上进度，所以情绪上很激动。然后与他一同回看听写的词语，发现他卡在了"柳枝"这个词上。我邀请小李和我一起观察"柳"字，一起回忆汉字的构成方法。拆分难点汉字的书写和构成原理，让小李发现了汉字的趣味性和规律性，消除小李对于生字识记的畏难情绪。

随后与小李就爆发的矛盾进行沟通，告诉他因为他不恰当的解决方法让老师很伤心，引导小李反思在冲突中自身的不足以及处理方法的不恰当。然后给予小李一些快速缓解情绪的小妙招，告诉他遇到问题正确解决的办法。

2. 正确引导，重树班级新风

面对困扰小李许久的被嘲笑问题，为了让全班同学能够接纳小李，我开展了一次"我也要来夸一夸"的主题班会活动，让学生们选一位或者几位同学的优点夸一夸。其中便有同学夸奖小李乐于助人，热爱劳动，还有同学夸奖小李不怕脏不怕累。小李在大家的赞扬中笑弯了眼睛。

因为小李热爱劳动的好品质，我让小李承担起了班级午托卫生监督员的工作。自从小李走马上任，班级午休期间的卫生情况有了明显改善，同学们也都夸他认真负责，看到地面脏总是主动扫、主动擦。小李变得越来越阳光自信，上课也积极了。

3. 积极反思，提升带班能力

首先，真诚地向小李和家长道歉，是自己没有控制好情绪，不应该对小李怒吼，这不是作为老师应该做的。老师应该有稳定的情绪，处变不惊才能更好地带班。其次，指导小李家长学习家庭教育方法，消除家长对孩子学习的焦虑与无助感。建议家长多鼓励、多陪伴小李，多发现小李的优点，对于他的任何进步都要及时予以肯定和鼓励，家校共育提升小李的学习信心。最后，注重和小李父母的沟通，多向他们反馈小李在学校的变化与进步，让家长能够放心、安心。

同时，作为语文老师，我将课程设置得更加合理有趣，这是提高学生学习积极性的有效方法。面对课堂上小李因为听写问题爆发的矛盾，其实完全可以通过自己更合理的教学安排和教学重难点设置来减轻学生的畏难情绪。

鼓励班级一些学习较为吃力的学生私下里与我沟通学习困难，在作业提交、听写提交、背诵等方面允许适当延后或单独提交。

面对班级突发状况，我也应学会适当寻求帮助。当遇到诸如小李拒绝，老师又无法分身的情况时，可以积极地向学校领导寻求支持。

案例反思

此次事件，对我个人而言是一次警醒，更是一次成长。

或许，每个班级里都有"小李"的故事，小李的愤怒就是这些不被看见的孩子的呐喊。他们在班级里没什么存在感，但是渴望被关注。所以，老师应该将在乎的目光投向每一个孩子。当然，温暖的班集体建设也是必不可少的，努力打造一个互帮互助、互相欣赏包容的班集体也可以减少冲突的产生。

温暖每一个孩子稚嫩的童心，是老师最重要的责任。

（广东省深圳市翠北实验小学　白力文）

事件 11：学生当面反对老师请家长，怎么办？

"老师，小涛把小军的眼睛弄伤了……"我一听，吓了一跳。这小涛，老是惹事，每天不是撞这个就是碰那个，每天都有人向我投诉。我天天都得给他善后，什么时候可以消停一下？

今天又弄伤了同学，我赶紧跑过去看小军。小军的眼睛肿得红红的，只能闭着眼。眼睛的事不是小事，我向当事人小军了解情况。他说，他在走廊上走着走着，小涛一下子冲过来，撞倒了他，正好眼睛撞到栏杆，现在眼睛很痛，都睁不开了。小涛则一直在旁边焦急大喊："我不是故意的！我不是故意的！快上课了，我赶着去交作业，小军自己低头不看路，才撞上的，小波可以为我作证……"我转头问小波："是这样吗？"小波摇摇头："我没看清楚……"这下小涛情绪更激动了："我就知道你们不会相信我，所有的错都是我的错……"我没理他，先带小军去看眼睛有没有受到伤害最要紧。于是，我赶紧打电话喊来双方父母，让小涛的爸爸带着小军去医院眼科看看，小涛作为当事人陪同一起去了。

下午，上课了，小涛大摇大摆地进来了，看我在上课，没有喊报告，径直往教室里面冲。我关心地问："小军的眼睛没事吧？"小涛头也不抬，阴阳怪气地说："瞎不了！"我一下有点生气了："小涛，你怎么这么说话，你把人家眼睛弄伤了。你知道眼睛对人有多重要吗？……"没想到小涛歇斯底里地吼起来："怎么啦？我就是不小心撞了他的眼睛，我又不是故意的！你干吗小题大做，把我爸爸喊过来？还让我爸爸带他去看病！你们老师遇到事情成天就只知道喊家长，你们还有什么本事？……"我的火气顿时噌噌直冒。小涛是出了名的脾气暴躁，没想到自己弄伤了同学还如此嚣张，我火冒三丈："你太不像话了！你态度太恶劣了，子不教，父之过，我要请你爸爸到学校来解决你的态度问题……""不要你请，我走就是了！"没想到，他把桌子一掀，门一摔，骂骂咧咧地跑出了教室。

我跟着追了出去，一下子就看不到人影了。我顿时有点急了，这孩子跑到哪去了？别想不开呀。我赶紧打电话给小涛爸爸，小涛爸爸一下也有点着急，说他赶紧去找人。我问了班级同学他平常喜欢去哪里，把他喜欢的地方一一告诉他爸爸。在校园内，我赶紧发动班级同学找他，我则跑到校园周边去寻找，但丝毫不见他的踪影。我有点慌。到了晚上，才接到他爸爸电话，说在一个废弃的球场找到了他。

我为我白天的情绪激动感到后悔，觉得我应该好好反思如何帮助他，引导他走出困境。

案例分析

小涛的脾气有点暴躁，同学们都有意躲着他。他想引起同学的关注，不知如何与同学相处，所以时不时挑衅同学引起同学的注意。其实，这样更引发同学对他的反感，大家不愿靠近他，也没有人愿意帮他说话。

作为老师的我，因为小涛平日表现不好，对他有刻板印象，没有深入了解事情的真相，只想着如何让受伤的小军得到医治，只关心小军的病情，没有顾及小涛的感受。他本来脾气就不好，我平常也没怎么关注他脾气不好的原因，一旦他与同学发生冲突，就先入为主地认为是他引起的。

因为他脾气大，经常与我对着干，我经常被他惹毛，被他的情绪牵着走，制服不了时，经常请他爸爸来校。他爸爸对他的教育比较严格，每次过来，无论什么场合，不管有多少人在场，不分青红皂白，先会劈头盖脸把他骂一顿，如果他顶嘴的话，还会动手，所以表面上看他很怕他爸爸，实则每次都在极力压抑自己，导致矛盾加深。等爸爸走后，他会很大声地发泄。青春期的他情绪波动很大，我从未站在他的角度思考他需要什么、他为何会这样、我该如何帮助他，没有真正走近他、关心他。

解决策略

1. 尊重呵护，耐心倾听

我们要把尊重、呵护学生的理念，时刻、永远装在心里。小涛脾气暴躁，每次有什么事，情绪最大的是他。因为老师对他的批评也比较多，遇到事情很少静下心来倾听他的心声，对他来说，有时缺少公平，所以每次都没有真正解决问题，反而积累了很多误会。我表现得越强势，他越恼火和反感，因而他的情绪也就越大。我主动向他承认自己在处理问题时不理智，急躁了，以后改进。

事后，我在办公室和小涛谈话，谈到同学对他的种种误解，包括这次也是小军自己低头走路，没看前面，小涛被后面同学推了一把，正好撞了小军……还谈到每次犯了错，他爸爸回去会揍他一顿……谈着谈着，他不由自主地泪流满面。我拿毛巾帮他擦掉泪水，紧紧地抱了一下他，他一下子如溃堤的洪水一发不可收拾。有了一次交心之后，他遇到什么烦心事都会跟我聊，我一般都是静静倾听，温情回应，适时给他合理的建议。很多时候，他未必能听得进我的话，但我发现他对同学和老师温和了许多。有一段时间，他生病住院，我带领同学去看望他。出院后，他变得安静多了，与同学的关系也融洽多了。

2. 宽容信任，搭梯助力

其实，对待小涛这样性格暴躁的孩子，我们需要宽容以待。特别在他情绪激动时，不要急着"裁决"式处理问题。可以先不作任何评判，不去指责他，不去进一步激怒他，更不要动不动请家长过来解决问题，而是想办法帮助他。如这一次他不小心碰倒了同学，导致同学受伤，我可以先带同学看眼睛有没有受到伤害，让作为当事者的他在一旁见证整个事情的过程。当他看到我因为他的过失忙前忙后，出钱出力，他会感到愧疚，会感激我为他所做的一切，会融化他的暴躁、他的冷漠。用行动感化他，伸出手帮他一把，他就站到了你的身边。

3. 走访家长，真诚交流

事后，我去了小涛家，了解了小涛的家庭情况。他爸爸是一名普通工人，性格暴躁。听小涛奶奶说，如果小涛犯了什么错，打骂是家常便饭，甚至连小涛妈妈也一起打。一年前，家庭暴力逼走了小涛妈妈，小涛爸爸心情更加糟糕，对孩子就更没好脸色，稍不如意更是变本加厉地拳打脚踢……听完奶奶的描述，我吸了一口凉气，心里无比愧疚。小涛太可怜了，一个小孩在家还得承受这么大的压力，难怪小涛对叫家长意见这么大，我真是太狠了，居然三番五次把孩子往绝望里逼。

我真诚地向小涛道歉，承诺以后有什么事不再简单地告知他爸爸，而是和他一起商议解决。后来，只要小涛有进步，我就打电话给小涛爸爸报喜，他爸爸心里也开心了许多。借着全班开家长会的机会，我向家长提了很多建议，其中包括温和对待孩子，不要动不动打骂孩子，严重的就是家庭暴力，不仅要承担法律责任，更是会给孩子带来心灵创伤或导致性格扭曲，并列举了现实生活中的几个案例。会上，我暗中观察小涛爸爸，他显得有些愧疚。会后，我邀请小涛爸爸留下来，告诉他孩子性格暴躁带来的与同学相处的问题，并真诚地与他交流，想让孩子变得温和，父亲要以身示范，首先控制好自己的情绪，做一位情绪平和的父亲。后来，小涛爸爸有了很大的改变，父子关系融洽了很多，小涛自然也温和了很多。

案例反思

像小涛这样情绪激动、性格暴躁的孩子，我们经常会碰到，作为老师，要公正、平等地对待他们，耐心倾听他们的心声，了解他们的真实想法和内心所需，尊重他们的所思、所行，对他们宽容一点、真诚一点、耐心一点。我们要换位思考，站在他们的立场去考量，什么样的原因导致他们这样呢？如果是我，需要老师给予我哪些帮助呢？我们可以了解学生的家庭背景，协助家长共同科学管理，并多正面鼓励他们，给他们搭梯子，帮助他们从困境中走出来，让他们走向平和、大度，感受成功和被尊重的喜悦，做阳光向上的少年。

（湖南省长沙市雅境中学　肖妹芳）

事件 12：学生集体质疑裁判不公平，怎么办？

案例呈现

　　防守、防守，加油、加油！白队球员一个漂亮的挡拆，过掉防守人，擦板投篮得分，蓝队队员立马一个快攻，直插篮下上篮得分。场上比分交替领先，比赛声、欢呼声震耳欲聋……以上是学校篮球嘉年华活动的重头戏：班级篮球赛决赛。双方队员都铆足了劲想赢得冠军，比赛对抗异常激烈。

　　下半场比赛刚开始，蓝队的女生主力李同学，在防守进攻队员时想去抢断对手的球，重心不稳，被对手撞到，立马大声喊道："她犯规，带球撞人。"当时，我和另一名体育老师执裁比赛，示意此球进攻队员并没有犯规，没有理会李同学的呼喊。在接下来的比赛中，李同学在对抗中频繁与对手有肢体接触，但防守并不成功。随后，她带着情绪打球，多次做出犯规动作，被裁判吹罚，五犯离场。被罚下的李同学在替补席上号啕大哭，嘴里还嘟囔着。蓝队队员也受到了她的影响，开始带情绪打球，比赛现场火药味十足。在一个回合结束后，她跑到技术台上质疑裁判是黑哨，并大声吼叫。

　　最终比赛结果，蓝队以 2 分惜败。看到比分落后，李同学变得激动起来，不愿离开球场，跑到裁判面前继续吼叫："裁判是黑哨，我们要公平。"在她情绪的感染下，许多蓝队所在班级的学生加入了质疑裁判队伍的阵营，一起堵住了裁判离场的道路。还有学生对着冠军班级大喊：不公平、不公平。冠军班级的同学立马回应：输不起、输不起。两班人马大声呼喊。学校充斥着两队的怒喊声，场面一度混乱。

我和体育老师立即采取紧急措施，阻止事态升级。我将李同学带到校医室平复情绪，后勤人员利用标志桶和警戒线划分了不同区域，体育老师组织其他同学以班级为单位在不同位置集合，体育委员和班长负责整理队伍，待现场场面稳定后，各班学生有序回班。稳定现场秩序后，接下来就要全面了解、对症引导、消除隔阂。

案例分析

在赛场上发生冲突是常见的，学生质疑裁判"不公"也是常有的，主要原因就是各自立场不同、观察点不同，以及学生对待比赛的心态不同等。李同学自尊心强、争强好胜，在班级任职副班长，在比赛中想通过自己的努力，带领班级赢得比赛。在被防守队员撞了之后，觉得是对手故意为之，而裁判没有判罚，她对裁判心存误解，所以带着情绪打球。加之最后比赛输了，所以情绪失控，觉得比赛不公平，并没有考虑她的一系列做法带来的后果。

就赛事而言，偶尔的冲撞在所难免。当篮球比赛进入决赛，对抗变得激烈，时常会有肢体接触。五年级学生有较强的荣誉感，特别强调公平公正。这场比赛是决赛，双方队员都想赢得胜利。李同学觉得其中一位裁判是对手班级的体育老师，有偏袒之嫌，觉得比赛不够公平公正。其他队员在受到李同学情绪感染后，也加入了讨伐裁判的队伍，造成了大型的班级比赛冲突。裁判没有关注到学生的状态，没有及时处理矛盾，学生质疑裁判不公平，造成了师生之间的不信任。

这种情形之下，如果我们不及时处理，会削弱学生对教师的信任感，影响建立和谐的师生关系，也会让学生对比赛的公平公正产生怀疑。在日后比赛中，会出现各种纷争和冲突，更容易培养易怒、冲动的学生，不利于学生的全面发展。

解决策略

1. 还原比赛经过，分析事情原委

在激烈的比赛现场，每个人的关注重心不一样，容易因缺乏对事情的全局性了解引起误判，从而产生矛盾，各执一词。因此，当赛场上起了冲突，还原比赛经过很重要。冲突发生后，我及时和李同学耐心沟通，了解事情发展的全过程，和她一起分析行为的合理性。站在她的立场，理解她质疑裁判判罚的行为，认可她想为班级争取荣誉的精神；同时也强调体育老师在比赛中要为双方负责的职责与立场，并从专业角度对李同学质疑的判罚点进行还原分析。通过对比比赛规则，进行解释说明，我消解了她的内心疑虑，并陪她一起回到班级。我当众表扬她的班级荣誉感，同时请她向班级同学进行还原性解释。

此事结束后，我还鼓励李同学积极参与各种体育比赛，以积极的心态对待各种竞争和比赛。此后，她表现得更沉稳了，并且通过自己的努力加入了学校跳绳队，代表区队参加了市级比赛，取得了好成绩。

2. 培养学生的规则意识，营造公平公正的比赛环境

我和其他体育老师在体育课教学中会注重比赛规则的教学，对不同类型的比赛进行详细的规则讲解，尤其是对学生喜爱的篮球和足球，通过实战演练、裁判规则培训，培养学生的规则意识。在体育课上做到教会、勤练习、常比赛，并邀请学生做各项比赛的裁判，感受裁判工作的不易。请同学们分析为什么会出现冲突情况，以及如何解决赛场上的冲突。设置一些冲突情境，让学生站在自己角度、对方角度和裁判角度去看待同一问题并提出相应的建议，提升学生辩证、全面看待问题的意识。

3. 开展角色互换活动，建立和谐的师生关系

针对师生冲突问题，我们开展了弥合双方感情的活动，让师生建立亦师亦友的关系，形成民主的氛围，培养学生的信任感。针对发生冲突的班级，

我们再次组织友谊赛。在比赛中，邀请学生担任比赛裁判，共同进行比赛的执裁，形成师生协作的氛围，让学生感受比赛的公平公正。比赛结束后，教师引导学生作全面总结，建立更为通达的输赢观，保持达观的心态。

案例反思

我和体育老师在发现突发情况后，第一时间进行了应急处理，有效阻止了事态的升级，避免了更大的班级冲突。各班班委也发挥了重要作用，协助老师平复了班级学生的情绪。在事件发生后，教师化冲突为教育契机，引导学生正确处理事件冲突，培养学生处理突发情况的能力，并且理性地对待成功与失败，正确认识公平与公正。冲突事件虽然已经解决了，但如何更合理地制定规则，让学生感受到比赛的公平性，是班级活动组织者需要时刻关注并科学应对的重要问题。随着学校对体育的重视，各种体育比赛活动项目层出不穷，比赛形式也是多种多样，我们以体育比赛活动中的各种矛盾和冲突为契机，培养学生处理问题的能力，培养学生的安全意识、运动行为、体育品德。学校体育不仅要育体，而且要育心，要发挥学生的主体地位，为学生创造公平公正的环境，让学生在民主的氛围中自然成长，塑造健康的心灵。教师通过对突发事件的处理，也可提升教育教学水平和突发事件处理能力，教学相长。

（广东省深圳市翠园东晓创新学校　贾俊辉）

第二章

生生冲突

学生之间，无论个体还是集体（群体）的冲突，除去极端情况，多起自"竞争""嫉妒"这类心理因素。对青少年而言，在看到同伴的行为和成就时，涌现出竞争心、好胜心、羡慕心、崇敬心甚至嫉妒心都是正常心理反应。引导得当，它们会变为学生勤奋上进的动力；但任其随意发展，也可能会成为引发冲突的根源，尤其是竞争和嫉妒这两种心态。在班级生活中，个体间的冲突往往原因相对简单，处理相对容易。群体间的冲突，包括群体对个人和群体对群体（形成派系），原因相对复杂，处理相对麻烦。群体间派系性质冲突的原因，常与教师的工作风格、做法有关，需要教师作出重大改变。群体对个人冲突的后果，有可能会发展为非常严重的欺凌行为，这就特别需要教师发现早期苗头，予以强力干预。

　　在班级大量、多方、广泛、深入地开展友善、团结、协商、合作的教育活动，是解决生生冲突有效而治本的做法。

　　解决生生冲突问题，教师应在班内创造更多的能让每个同学得以充分展示的机会，并创造和保持一种公平竞争加友善合作的文化氛围，让班级学生在竞争中激发活力、体验合作。

事件 1：调皮生反复挑衅班干部，怎么办？

周三下午书法课，我来到班上，教室里一片混乱：

小淘手里拿着一个英语光盘，四处乱窜，肆无忌惮地把光盘扔来扔去，几个男生准备冲上前去抢玩。值日生吃力地喊着："上课了，安静——安静！"教室里，埋怨声此起彼伏："烦死了！吵死了！小淘，你不要再扔了！"

值日班长小静气急败坏地去抓小淘，小淘冲着她做了个鬼脸："来啊，来啊，看你怎么抓住我！"他跑到了走廊，斜着眼，仰着头，冲着小静继续叫嚷："让我回教室，可以。但是你要承认，是我——给了你一个面子，你请我回去的！"小静顿时恼羞成怒，直接把手中的黑板擦扔了过去。小淘一个躲闪，黑板擦砸在地上，腾起一阵白色灰尘……

"老师来了！"小静扭过头来，满脸涨得通红，委屈得快要哭了："老师，您看！小淘他……我……""嗯，好了，好了，没事……"我摆摆手，捡起黑板擦递给了她，拍了拍她的肩膀，示意让她不要担心，先回教室再说。

我快步走上讲台，提高声音强调："同学们，请先静息好，我们要上课了！"我朝小静使了一个眼神，她马上心领神会。在洪亮的口令声中，学生们纷纷回座位坐好，教室终于恢复了平静。

小淘趁机又溜到教室外。当他在外面晃了一圈，来到教室门口时，我拦住了他："小淘，这样，请你也给老师一个面子，回教室去，好吗？"也许是出乎他的意料，他愣了一下，半晌没有回答。我盯着他的眼睛，再次肯定地说："是的，请你给赵老师一个面子，先回教室吧。"同学们抬起头来，齐刷刷地看着他。他顿觉无趣，便捡起地上的光盘，嘴里嘟嘟囔囔地进了教室。我跟着他，他径直走向教室最后一排——他的专座，途中又狠狠地用力往地上摔了一次，光盘砸在地上发出了巨大刺耳的声音。

我一直跟随着他，直到他回到座位。从后面环视，我看到包括他在内的同学全部都坐好了，宣布道："嗯，表扬小淘，也回到座位了！"

"现在，请同学们坐端正，我们开始上课了！这节课我们先观看书法视频，然后自主练字。值日班长负责巡视和管理，辛苦了！"小静朝我点点头，我又递给了小静一叠书法纸。"坐得最端正、看得最认真的同学，奖励一张精美的书法纸！"一听这话，同学们马上挺直腰杆。奖励了几张书法纸后，同学们坐得更端正了。

经过小淘身边时，我俯下身子对他说："也奖励给你一张书法纸，因为你听劝，回教室上课了，能够做到这点，不简单！"他接过我的书法纸，终于在自己的座位上坐稳了。

案例分析

像小淘这样在课堂上无视纪律、故意挑衅的学生并不鲜见，如果处理不当，他们的行为往往会严重影响正常的上课秩序，导致班级个体与群体之间矛盾不断，有时甚至会引起更严重的冲突事件，发生意外。

小淘是一个极度敏感的孩子，服软不服硬，还有情绪控制问题。他常和同学发生矛盾，与老师发生争执，有时甚至会大闹课堂，扰得全班无法安宁。今天下课期间，他就一直在扔英语光盘玩，故意去骚扰别人。后来要上课了，也不听值日生劝告，就出现上课前的那一幕。

小静是值日班长，受老师委托管理班级。今天刚值日就碰上了这件事，在小淘的故意挑衅下，她被激怒，冲动之下拿了黑板擦去砸小淘。幸好我赶到，幸好没砸伤人。虽然她工作认真负责，但毕竟还是个孩子，还没学会因人而异的管理方法，需要老师进一步的培训、指导和教育。

班上的科任老师普遍认为像小淘这样顽劣的学生是缺乏家教，批评他时多用严厉苛责的言语，处理问题时不免片面武断。这导致小淘敌视老师，挑衅权威，把很多科任老师气得直接停课。

说实在话，碰到小淘，我是忐忑的，不知道他下一秒会做出什么样的行为。面对这样的孩子，该怎么办？如果继续采取简单、粗暴的方式，后果必然是激化矛盾，陷入之前的死循环。这样的孩子，貌似强悍无敌，实则极度自卑；貌似故意捣蛋，实则渴求关注。这时候往往就需要老师深挖乱象背后的原因，寻求智慧的办法来解决问题。

解决策略

1. 稳定大局，恢复秩序

课堂上发生突发事件，第一要事是稳住班级，想办法尽快恢复秩序。当班级回到正常轨道，老师才有时间和精力寻求进一步的解决方案。我从以下几个方面着手：

首先，快速调整班集体的课堂纪律，让课堂回归安静。我第一时间提醒值日班长喊静息口令，让学生全体静息，目的是让学生尽快摆脱突发事件给他们带来的冲击，内心获得安静和安全感。

其次，想办法稳住小淘的情绪，满足他的诉求。看到他的需求，顺着他的意愿，让他主动回到教室。所以，当小淘在语言上故意挑衅他人制造矛盾时，我选择暂时忽略他，先引导他回班，为后面解决问题留下了沟通的空间。

最后，及时缓解小干部的焦虑情绪，帮助她迅速调整好状态。当小静被她自己扔黑板擦的冲动行为吓到时，我先轻声安慰她，告诉她没事，随后又拍了拍她的肩膀，让她明白虽然这样做不对，但是没有必要自责，以后注意就好。同时，把重点放在班级秩序管理上，带着她现场处理问题，指导她协助老师管好班级纪律。

2. 预防反弹，重点关注

为了防止违纪学生对课堂的再次干扰，我对其开展有针对性的关注教育。课堂上，在其他学生安静写字的时候，我站在小淘身边，和他进行了"点对点"聊天式沟通：我先帮他分析了这件事的利弊，建议他换时间、换地方玩光盘，否则可能会被老师没收；然后从他感兴趣的事聊起，邀请他创作一幅画让老师收藏；紧接着回顾他当天的进步行为，引导他看到自己"未来"的变化趋势，表达老师对他的认可与相信，并希望他持续自主进步。

沟通的结果是小淘主动把英语光盘放进了抽屉，当场创作了一幅画并签名送给我收藏。后来又接受了建议，拿笔继续画了第二幅……直到下课，他做到了安静，没有影响班级其他同学。最后，他成功获得了我临时为他准备的奖品—— 一枚老师改作业用的小印章。

3. 营造氛围，包容接纳

其实，改变类似小淘这样的孩子，需要时间，更需要集体的包容和接纳。老师要想办法在班级营造团结互助、积极向上的氛围，打破同学对彼此固有的成见，这是影响他们主动地融入班级、获得持续成长空间的关键。

针对此事，我利用下课前两分钟，进行了课堂微总结：我告知学生"不影响他人就是最大的美德"，这是课堂纪律的底线要求。我先引导学生回顾课堂，让他们自己评一评"谁进步了"。学生们自由发言，评出班上很多同学。接着，我描述小淘的进步细节，引导学生聚焦于小淘在后半节课堂上的点滴变化——安静画画，没影响他人。这进步虽小，但意义重大。最后，同学们纷纷朝小淘竖起了大拇指，鼓励他继续保持这个美德。我看到小淘眼中的惊讶，继而闪过一丝羞涩。课后，很多孩子表示小淘今天的表现的确让他们刮目相看。

　　作为教师，一直以来，我们都固执地寻找一把能改变学生的钥匙。殊不知，这把钥匙就藏在自己的宽容和接纳里。与其说是我收藏了小淘的一幅画，不如说是他递给了我这把钥匙。教师的包容和接纳就是学生自我教育的契机，表面看来好像是教师"退一步"，而实际目的却是促使学生向前"进两步"。包容和接纳有时会创造奇迹，成就学生的同时也在成就我们自己。

（广东省深圳市松坪学校　赵霞）

事件2：班干部翻书包查作业引发矛盾，怎么办？

　　一个阳光明媚的清晨，像往常一样，习惯一到校就先到教室查看一番的我，边在脑海中罗列这一天必做的事项，边径直向四楼教室走去。当我走到三楼楼梯口时，突然从四楼传来阵阵哭泣声，我内心一颤：不会是我们班的学生吧？我快步冲到了四楼，果然看到了被四位班委围在中间的小兵同学正在伤心地抽泣着……真是怕什么来什么。见到我后，小兵的抽泣直接转为呜咽。

　　此时，四位班委立刻围向我，并七嘴八舌地说："老师，小兵语文没预习。""小兵数学作业没做。""他的科学练习册也是空白的。"……不等班委们说完，泪眼婆娑的小兵一边擦着眼泪，一边哽咽地插进话来："生活太难了……你们为什么要翻我书包？你们这是在侵犯我的隐私，在'霸凌'我！"

　　听到这话，我隐约意识到了事情的严重性，于是赶忙让小兵先去办公室冷静，之后将几位班委叫到一边了解事发经过。

　　原来，班长雯雯在巡视早读时发现小兵的语文预习任务没做，于是要求检查小兵的其他作业。被小兵拒绝后，雯雯将小兵的书包拿了过来，经过一阵翻查，发现小兵各科的练习册和作业本几乎全部空白。之后雯雯告知小兵要补齐未做的作业，否则要写两遍。小兵一听急哭了，表示他未做的作业太多，不可能做得完。雯雯告诫小兵应该对自己的作业和学习负责。而小兵认为，作业和学习既然是自己的事，班委就不应该管他，更不应该翻他的书包。

此时，副班长乐乐也加入了进来，跟小兵讲道理说："来到学校就应该遵守学校的纪律和班级的规章制度，而且班级的规章制度是大家共同商议制定出来的，每个人都必须遵守，包括按时完成作业。"这时候，小兵哭得更加厉害了，开始反复念叨雯雯不应该翻他的书包。雯雯的情绪也逐渐激动起来，提高音量反驳称："检查小兵的作业，帮助他进步是我的职责！"

眼看着班里的同学越来越多，但冲突丝毫未缓解，反而有升级的苗头。这时候，生活部长阳阳和中队长天天赶忙过来让小兵先去教室外平复心情，并一起陪他走出了教室，不停地安慰他。后来，雯雯和乐乐也开始担心，便跟着出来查看情况，于是就发生了我赶到四楼时看到的那一幕。

案例分析

针对此事件，无论是从班级的健康建设方面来看，还是从拉近班委及班级其他成员之间的同伴关系来看，认真分析当事人及涉事人的行为动机、心理活动是非常有必要的。

小兵：内心脆弱，父母长期争吵，家庭环境不佳，因上网课期间沉迷游戏未能好好学习，功课落下较多。这件事情发生时，他情绪激动的主要原因是怕自己未写的作业被班委发现并告知老师，因此想通过反复强调雯雯翻他的书包，侵犯其隐私，控诉班委们"霸凌"自己来转移矛盾点。

雯雯：身为班长，一心想要管理好班级，树立自己在班级中的威望。当天早上她发现小兵没预习，料想到他其他作业肯定也未写，于是想通过查看小兵书包的方式证实自己的猜测，并对小兵进行了警告。另外，对于"不经允许不能随意碰他人物品"这条禁令，作为班长的雯雯显然没有理解到位，她自认为拥有"特权"。

乐乐：身为副班长，在班级发生矛盾时，积极配合班长，以校纪班规为由跟小兵解释为什么要按时完成作业，试图让他明白雯雯翻其书包和检查其作业是在履行班长的职责。

阳阳、天天：看到两位班长未处理好矛盾，再加上小兵哭得很伤心，纷纷上前劝慰，并带他来到了教室外，躲开班级其他同学的视线，照顾到了小兵的自尊心。两人的做法使矛盾得到了一定的缓和。

就整件事情来讲，如果处理不及时或是不妥当，会给班级个人和班集体带来不良影响：对于小兵，因为班委翻其书包的行为，他会从此抗拒班委，不信任班委，不配合其工作，长此以往，不但会影响到个人成长，还会影响到整个班级的良性发展；对于班委，就翻书包事件，确实侵犯了他人的隐私，但老师批评过度，会影响他们的工作积极性，不批评又不能让他们意识到问题的严重性。放权不等于放任不管，孩子们的心智都还未成熟，处理某些事情时还不能很好地把握分寸，像发生在小兵身上的事情其实就是班委未能合理处理常态化问题的缩影。因此，对班委进行实时、有效监控，让他们明白管理班级过程中的是非对错是很有必要的。

解决策略

1. 及时介入，全面了解

此事件发生后，我第一时间介入，向涉事双方、班级分别了解情况。班委一方一致强调是小兵不写作业，不守班规班纪在先；小兵则一直"控诉"班委侵犯了他的隐私，直到我跟他推心置腹地深聊才得知实情：他哭诉雯雯翻其书包事小，怕被发现没做作业事大。

结合平日的观察以及班委和班级其他成员的陈述，我还发现了此次翻书包事件背后存在的一些问题和隐患。比如，小兵家庭不和睦，沉迷游戏，对学习失去兴趣，班级人际关系不佳；个别班委处理班级问题时的行为存在不妥之处；对班委自行制定的"班规"，作为教师的我并没有做到全面监督等。

2. 公正处理，不偏不倚

在跟四位班委了解完情况后，我顺势先肯定了他们认真的工作态度，同时也提醒他们以后再遇到类似情况时，切不可粗暴地翻他人书包。之后又单独找到了雯雯，通过步步引导，让她明白了在班级里不能随便翻书包这种事恰恰是班干部应该率先做到的，她也表示愿意向小兵道歉。另外，虽然雯雯是此次翻书包事件的主要责任人，但是我将另外三位班委也作为教育对象，不但旁敲侧击提醒了雯雯，同时也警示了其他三位班委。

对小兵，我先让他了解班委们的良苦用心，又同他一起分析了"校园霸凌"和来自班委的"关心"之间的区别，同时指出翻书包是我们不提倡的行为，已经对班委进行了批评教育，并且鼓励他能积极为之后的班规修订和良好班风建设贡献自己的智慧和力量，同老师一起监督班委。

3. 追寻病因，对症下药

通过跟小兵的谈话，我了解到复杂且不和睦的家庭环境以及沉迷网络游戏是其学业退步的根源。于是，我单独带他看了关于预防青少年沉迷游戏的宣传片，还同他一起分析了游戏的利弊，并且表示愿意帮他逐渐逃离游戏的"魔爪"，帮他制订了适合他的学习计划。至于其家庭问题，虽然我已同他父母沟通过多次，但效果一直不佳。

对于班委平日对个别同学的这种特殊"关心"，一方面反映出他们确实有着强烈的责任心，另一方面也反映出班级已然出现班委滥用职权的现象。对此，我及时召开班会，通过列举该事件可能会产生的一系列不良后果（不排除形成"校园霸凌"），对全体同学进行了教育与引导，尤其着重提醒了班委成员，让他们明白只有以身作则，事事起带头模范作用，才能得到同学们的拥护和支持。

案例反思

就翻书包事件，我认为本人处理得较好的地方是对事情能做到全面调查，公平处理。处理不妥之处有两点：一是未能及时跟小兵父母取得联系，说明情况；二是就此事件召开的班会形式过于单一，只停留在说教上。如果以后遇到此类事件，除了避免上面所提到的两点，我还会召开主题班会，以情景剧的方式，让班委和其他成员角色互换，通过故事演绎让双方了解彼此的心声，进一步拉近班委同班级成员之间的关系。

（广东省深圳市太子湾学校　曹桂萍）

事件3：男生不满班干部管理方式而反抗，怎么办？

课间，一阵嘈杂的脚步声、吵闹声击打耳膜，将沉浸在作业堆里的我拉回现实。

"王老师，王老师，不得了啦，达达和恒恒在操场上打起来了！达达还踢了要把他们分开的体育老师一脚！"几个男同学未见其人，先闻其声，个个气喘吁吁，声音里有着急，也有惊讶。我此刻的感觉跟他们无异，因为四年来，从来没有人见过温和内向的达达大声讲话，更别说打架了。直觉告诉我，事情有点严重。

我飞速赶到操场，远远就看见一群孩子围着达达或站或坐。看见我走来，大家都一窝蜂地跑到我身边，你一言我一语地抢着说刚才发生的事情。而此时的达达浑身颤抖，脸色铁青，拳头紧握，愤怒与泪水盈满了眼眶。他还处在极其激动的情绪当中。这样的达达，我第一次见到！而旁边同样眼眶通红的恒恒也是满脸委屈，但情绪还算平稳。

确认两人并未受伤后，我拍了拍恒恒的肩膀，对他表示我的关切，然后示意班长先带他和其他孩子回教室。大部队离开后，我轻轻牵起达达紧握的拳头来到办公室，把他安顿到自己的座位上，说道："老师去调一下课，你先在这里坐着平复一下心情，我们等一下再聊哦。"他也不看我，依旧圆瞪着双眼，满脸委屈与愤怒。为了给达达冷静与平复心情的时间，我在外面停留了大约 20 分钟，再次走进办公室时，他的情绪缓和了许多。可是当问起打架缘由时，他依旧不能自已，充满了愤怒与委屈，但总算能够断断续续地把事情的前因后果说个大概。我也听了个七七八八，大意就是达达认为作为体育班长的恒恒几次三番地故意针对他。今天体育课，恒恒又借由达达身上有只蚊子而故意拍了他一巴掌，于是达达累积的不满便全面爆发，导致情绪失控。

在征得达达的同意之后，我将恒恒请了过来，让两人面对面把达达口中的几次三番事件讲述清楚，互相听听对方视角下的事件如何，想法如何。

达达所委屈的事件一：恒恒作为体育班长，总是喜欢区别对待自己，别人没有站好，他去扶正，而自己没有站好，他就用脚踢。恒恒听到达达的控诉，一脸蒙，迟疑了半晌，才说道："老师，我可能有用这样的方式提醒过其他同学，但我不记得是否踢过达达，我没有想过要故意针对谁啊！我只是想让大家快速排好队。"

达达所委屈的事件二：今天体育课上，其他同学不遵守纪律，讲小话，恒恒都没去管，自己只是跟旁边的同学小声说了一句话，他就一巴掌拍在我背上，还故意说那里有蚊子。恒恒辩解道："我只是跟他开玩笑，轻轻拍了一下而已，他就回过头来踢了我好几脚，所以我们就打起来了。"

案例分析

听完双方的讲述，我们不难看出，两位同学的矛盾冲突，其实是班干部与学生群众之间的矛盾累积。双方的立场不同、角度不同，又没有进行过及时有效的沟通，致使矛盾激化，产生激烈冲突。作为教师，我们需要掌握孩子的性格特点，研究孩子的心理。

达达：极其敏感又比较内向的孩子，他不轻易表露自己的情绪，不去跟人沟通自己的真实想法，也不懂得自我调节及释放。因此，一段时间的积压之后，冲突的爆发不可避免并激烈许多。

恒恒：性格活泼外向，对待工作认真负责，但不懂得如何正确树立自己的班干部权威，不易觉察他人的情绪，容易引起群众误解，引发干群矛盾。

他们都正处在从低年级向高年级的过渡期，生理和心理都有明显变化，是孩子们成长过程中极其重要的转折点。由于生活经验不足，他们在冲突、约束、遭受指责等情况下，容易产生紧张的情绪，自我调节能力比较弱，难以释放心理压力。同时，班干部与群众之间没有达成和谐、信赖的关系。达达以群众的视角审视着恒恒的一举一动。当恒恒用了不恰当的管理方式纠正其不合规的行为时，他便产生了班干部故意针对自己的敌对情绪，于是即便是恒恒的玩笑之举，也被视作不友好的故意为之。而恒恒站在班干部的视角，认为自己有义务去提醒纠正每一位同学的不合规行为，管理过程中，重视结果而不注意方式方法，引发同学不满而不自知。干群关系紧张，导致情绪积累，最终爆发激烈冲突。

事情发生后，我第一时间依据两人的性格特点分别加以安抚，情绪稳定才能进行下一步的工作。同时，我也重新审视了班级管理中自己对班干部的指导和培养，回忆与梳理了多起干群关系事件，希望能从中找到共性问题，思考对应策略。

解决策略

1. 及时降温，稳定情绪

本案例中，打架事件后，两位同学情绪都较为激动。特别是对达达，此时的任何言语都苍白无力，甚至会引起反弹。所以，我选择让情绪相对稳定的恒恒在班长的带领下先回教室平复情绪，而达达此时更需要安静的环境、无声的陪伴。我牵他的手给予他力量，并把他带到相对安静的环境来缓解他此刻极度紧张的精神与情绪。

2. 正面沟通，形成共识

平复情绪后，我让两位同学"互诉衷肠"，让他们当面倾诉自己的不满与不解，在倾诉中了解对方的想法。沟通过后，我再引导双方审视自己在事件中的不足与不妥之处。恒恒立刻意识到是自己的管理方法简单粗暴，没有团结同学，没有顾及同学的感受。达达也在恒恒的诚恳道歉中意识到自己过于敏感，没有在遇到问题时及时沟通，寻求帮助，而是隐忍不发，导致最后爆发激烈冲突，破坏了同学间的关系。双方最终达成谅解。

在双方的自我教育后，我顺势引导他们思考这件事对其他同学可能造成的负面影响。两人沉默之后各自坦言，应该在班上跟同学们陈述事实，自我检讨，让同学们以此为鉴。班会课上，两位同学的自我检讨引发了同学们的热烈讨论。大家对于如何处理自己的情绪，班干部如何管理班级、团结同学等都提出了稚嫩但真诚的建议。

3. 完善制度，培养干部

此事过后，根据同学们的建议，班级进一步完善了班干部的工作规则，约束班干部的行为。同时，跟同学们达成共识：班干部是为班级服务的，他们的行为举动，初心都是为了我们这个班级能够积极向上，成为优秀的班集体，我们应该多些配合与理解，共同为我们的班级添砖加瓦。另外，我们还通过每周的班干部会议总结工作方法、交流工作心得，来提高班干部的管理能力。

案例反思

班干部是班集体的核心，优秀的班干部是班级工作顺利开展的保证。班级管理中，教师要建设一个良好的班集体，关键在于建设一支具有良好素质、责任心强、乐于服务、能独立高效开展工作的班干部队伍。而优秀班干部的培养需要教师科学的引导，让他们学会管理班级的工作方法，更需要教师时刻关注他们的思想动态，以及干群之间的关系。如果疏忽了这些细节，原本是助力的班干部就有可能成为班级健康发展的阻力。

（广东省深圳市福田区外国语教育集团　王丹）

事件 4：课堂上学生突然情绪失控，怎么办？

一天上午，最后一节课下课铃响，学生纷纷洗手，排队领取午餐盒，准备吃午饭。龙龙突然急匆匆向办公室跑来，边跑边喊："陈老师，陈老师，润润和锋锋打起来啦！"

奇怪，润润性情温和，性格沉稳，怎么会和同学打架呢？我思忖着，快速来到教室门口。只见锋锋和润润揪住对方的衣服，两人的小脸都憋得通红。几个班干部努力把他们拉开，锋锋松开手，一边后退，一边喊着："你就是该打！你就是该打！"润润手里攥着一张纸条，哭着对我说："陈老师，他嘲笑我。"我接过纸条，发现上面有好多粗俗的话语和符号，如"有病"、骷髅头等。虽然没有署名，但一看就知道是锋锋的笔迹。

班干部们七嘴八舌，告诉我打架的全过程。原来，最后一节科学课开展小组比赛，锋锋所在的小组胜出了，润润所在的小组输了。润润就不高兴，大喊大叫，干扰上课，同学们劝阻，老师安抚，都没有效果。就这样，浪费了半节课时间。锋锋很恼火，画了这张纸条，课间悄悄塞到润润的抽屉里。润润发现了纸条，就找到锋锋打起来了。

案例分析

经过了解，润润在科学课上的情绪失控是导致冲突升级的直接诱因。我感到疑惑的是润润之前一向温和，学习和做事很认真，上课积极思考，举手发言，作业字迹工整、美观，有追求完美的倾向，应该不会如此狂躁发作。为何过完一个暑假，进入二年级新学期，他就变得任性、执拗、好胜、自我苛求、敏感多疑了呢？经过与润润妈妈沟通，了解到最近润润的家庭环境发生了一些变故。由于经济原因，从暑假以来，爸爸和妈妈经常吵架，正在闹离婚。爸爸脾气暴躁，不仅当着润润的面打妈妈，甚至有一次，把润润一个人锁在房间里长达几个小时。现在，爸爸已经离开家居住，对母子俩不理不睬。润润很害怕，非常担心妈妈也离开他。对于爸爸的不负责任，妈妈既愤怒又无奈，每天忙着上班，还要赶着接送润润，身心俱疲，因此对润润的态度也不太好。由此看来，当前润润情绪失控源于家庭变故带来的安全感缺失。

引发锋锋和润润的冲突，源头是科学课上的小组比赛。因为比赛输了，润润大喊大叫，干扰课堂。锋锋不理解润润的难受，更不了解润润的内心，就觉得润润干扰课堂，对此很反感。他是一个严谨认真、热爱学习的孩子，因为润润的哭闹浪费了半节课，他非常愤怒，于是通过写匿名纸条发泄自己的恼怒和不满。

我还了解到，不仅仅是锋锋对润润很反感，全班同学都对润润有很大意见。学生告诉我，除了在我的语文课上比较"正常"，润润在其他学科课堂上，经常情绪失控。学生说他常常"发神经"，如他举手了，老师却没叫他回答时；当作业没有获得优秀时；当下课铃响，他的画画作品没有完成时……润润总会情绪失控，有时大喊大叫，甚至号啕大哭。科任老师和同学们不堪其扰，很不耐烦，又无可奈何。

经过梳理，我发现自己对润润情绪变化的根本原因了解得有些滞后，家长之前也不愿意向我反馈真实的家庭境况，导致孩子的情绪问题已经比较严重。解决润润和同学的矛盾冲突，最根本的有待于润润父母关系的和谐和家庭教育环境的改善，同时也要和科任老师沟通，引导班级同学宽以待人，营造和谐班风……千头万绪，哪里是起点？教师的工作也具有边界性和局限性，对润润这样的特殊孩子的教育引导，于我而言，是一个很大的挑战。

解决策略

本案例中润润性格变化的源头是家庭，引发的结果是学校学习生活中，润润与自我、他人相处得不和谐，同学们已经产生了排斥他的苗头。可见，先引导全班同学改变对润润的看法或许是解决问题最重要、最基础的环节。

1. 引导反思，相互赏识

事情发生了，和他们谈话了解情况后，我说这件事一定是误会，接着由衷地夸赞他俩：锋锋学习认真，成绩优秀，语文课外阅读丰富，是班级的小博士，经常解答难题，积极主动帮助老师和同学，大家都佩服他；润润个子小，爱动脑，上课专心，积极思考，踊跃举手回答问题，朗读小古文准确流利，背诵快速，同学们很羡慕。在老师的夸赞中，锋锋和润润的情绪慢慢平复下来。

之后，我带领他俩梳理事情的前因后果。润润希望自己小组能赢，结果输了，心情难受，很郁闷。锋锋因为想好好上科学课，在老师带领下探究科学奥秘，却因为润润大喊大叫，耽误了半节课，很生气。锋锋和润润理解了对方的感受，脸上流露出愧疚之色。

我趁热打铁，鼓励他们反思自己的不妥之处，帮助他们认识到，匿名纸条上画的内容是不文明的，在课堂上大喊大叫是不文明的，打架是不文明的，引导他俩相互道歉，然后握手、拥抱，感受同学之间的友好，再通过竖起大拇指点赞的动作和夸赞对方的话语，学会相互赏识，感受鼓励和被鼓励的快乐。

就这样，遵照班级约定，闹矛盾后，做到"四个一"（一句道歉、一个握手、一个拥抱、一个点赞），锋锋和润润又成为好同学。

2. 绘本阅读，管理情绪

午饭后是20分钟自习。我们相机举行微班会，首先带领学生阅读绘本《生气汤》，接着分组讨论：生气会带来哪些危害？日常哪些时候容易生气？怎样做到不生气？哪些方法才真正有助于解决问题？

学生分组汇报，认识到生气带来的危害，明确小组比赛的真正目的，正确看待小组比赛的胜利与失败，做到胜不骄、败不馁，觉察自己的情绪，并用科学的方法管理情绪，做情绪的小主人。

3. 特别呵护，共同关爱

征得润润的同意，我告诉同学们，润润因为爸爸妈妈之间出现了一些问题，所以心里很难受，上课经常会忍不住发脾气。我鼓励润润向全班同学道歉，恳请大家谅解和帮助他。善良的孩子们纷纷出主意。善解人意的班长芊芊提出，建立一个友爱小队，专门帮助润润。锋锋第一个申请加入小队，愿意教润润写语文作业；温柔的翀翀愿意把自己可爱的小玩意分享给润润。

我同时把润润的家庭现状私下告知科任老师，并相约特别呵护和关爱润润，比如允许他迟交作业，情绪失控时让友爱小队的队员陪着他在安静的地方舒缓情绪。

在我们的共同努力下，润润的情绪也渐渐变得平稳了，班级同学之间也更加友爱了。

案例反思

教师要留心观察学生的情绪状态，保持与科任老师的沟通，及时发现学生的异常，尽早介入，帮助学生疏导情绪，指导学生解决问题，避免冲突的升级和恶化。我觉得更重要的是建立班级的包容文化，构建温馨、和谐的班集体。班级的包容文化，首先体现在接纳不完美的自己，不苛求自己，学会欣赏自己的优点，正视自己的缺点，肯定自己的特点。其次，接纳不完美的他人，了解他人的处境，理解他人的难处，谅解他人的错误。

[广东省深圳市宝安中学（集团）实验学校　陈才英]

事件5：女生"拉帮结派"孤立同学，怎么办？

课间，全班个子最高的阿美走到小圆面前，指着旁边的家希，质问小圆："说，你以后是不是跟她玩不跟我们玩了？"小圆有些犹豫："阿美，你怎么这样？大家一起玩不行吗？""切！不玩就不玩嘛，反正没人跟你们玩。"阿美带着一群女生叽叽喳喳地离开了。

下午，我的办公桌上出现了两封拜托我保密的信：

家希："陈老师，打扰您了。本来我和阿美、小圆还有几位同学都是很好的朋友，可是最近阿美让大家不理我，还说我的坏话，现在开始骂我和小圆，我不知道该怎么办，您能帮帮我吗？"

小圆："陈老师好，以前我和阿美是形影不离的好朋友，但她最近让我和大家一起孤立家希，说家希恶心、矫情，但我在和家希相处之后，认为不是这样的。现在，阿美连同大家在背后说我的坏话。从无话不说到无话可说，友谊是否可以重来？是否值得重来？我要默默听着坏话，还是勇敢回击？"

我反复读了几遍这两封信。家希被孤立甚至被辱骂，而小圆因为维护家希，和原来的好朋友关系破裂，感到手足无措。我当下就和副教师沟通这件事，她却说："阿美是懂事的女生，平时对长辈尊重有礼，怎么会孤立人，有这些心思？"各方说辞不一，事情真相到底如何？我决定先观察，搜集更多线索。

在我留心阿美等女生动态的时候，正好看到学生在写班级日志。学生通过接龙在上面记录当天的新鲜趣事、所思所想，可以匿名写悄悄话、吐槽，也可以"跟帖评论"，有时读来别有一番趣味。我随手翻阅班级日志，看到了一篇名为《友谊》的短文，其中一句是这么写的："我本来有很多朋友，但不知道她们最近为什么都不理我，要我去找她们才跟我玩，我觉得她们都在离开我。"署名是"想哭又哭不出来的天空女孩"。字迹告诉我，是家希写的。

翻过来是另一位同学的留言："如果欺负你，你就反击回去！不开心就告老师、告家长。"署名是"南侠公子"。在南侠公子"伸张正义"之后，原来看不惯家希的女生似乎抓住了她的"把柄"，开始猜忌、跟风："我就说她是矫情吧！你看，还找男生帮忙！""传给下一个人，让大家知道'天空女孩'的真面目！"于是，她们纷纷匿名留言："你哭就哭啊，谁管你啊？""别装了！"她们还给"南侠公子"留言："你以为你是谁！"

这样恶言相向的留言足有两面，"天空女孩"不敢正面对抗"拉帮结派"的女生们，只能在每一条留言之后问："我做错了什么？""为什么要这么对我？"显得微薄无力。合上班级日志，我知道这件事比我想象中要严重，马上找来班长等情商高、正直、善良且没留言的四位同学了解事情原委，一起还原真相。

案例分析

原来，家希个子高，体型有点壮，但总扑闪着大眼睛、嘟着嘴说话，女生们觉得她很别扭、装可爱。而阿美因身高优势立志当超模，看不惯家希的行为，在背后说她"装"。引起冲突的导火索是一次课本剧，小圆和家希一组，与好朋友阿美成为竞争对手，还获得了名次。阿美就觉得家希"抢"走了小圆，开始在自己组里带头说家希的坏话。

阿美不与家希交朋友是她个人的选择，但她怂恿大家不跟家希交往则是非常自私的行为，更不应该说家希坏话。小女生们的关系有时敏感而脆弱，交往时掺杂着复杂的内心戏，缺乏安全感。她们渴望友谊，又对"自己的朋友"有强烈的占有欲和排他性。阿美带头之后，女生之间就出现了微妙的站队现象，但她们没想到这已经是在霸凌家希。

冲突因班级日志而爆发。家希写下心事，按照姓氏顺序传给了"南侠公子"，他在不知情的情况下打抱不平，鼓励家希"告老师、告家长"，没想到此举引起一些女生的公愤，觉得家希从中"作梗"，装可爱找男生帮忙。于是，几位女生纷纷留言，矛盾越来越大。即便只是跟风，但在班级日志上公然恶语相向，也十分影响班风，且凸显了学生之间不懂得友善交际的问题，若不解决，彼此还会相互猜忌，无法构建和谐的班级人际关系。

解决策略

收到保密信后，如果我直接找阿美谈，大家一定会认为是家希告状，处理不妥极易导致同学关系恶化；若直接批评留言的同学，也无法让学生心悦诚服。幸运的是，我及时看到了班级日志，决定继续"借用学生的力量"，在班级打出一套无形的"组合拳"之后再逐一突破。

1.巧借外力，缓解矛盾

我向班干部们示弱："如果我直接批评阿美，没有真正缓和矛盾，大家暗里把矛头又指向家希怎么办？"

班长灵机一动："老师，今天的随笔我就写《朋友》，明天你在课上点评，可以说一说友谊。"心理委员接话："我是心理委员，我有责任先去调解。"

我内心暗喜，觉得他们的方法可行。第二天，我讲评班长的《朋友》时，特意看着几名在班级日志上留言的女生。几个课间后，昨天留下来的四位同学开心地跑来办公室告诉我"都搞定了"。原来，个别女生已经意识到老师在暗示自己，经过调解，她们仔细一想，自己与家希根本没有实质的矛盾，反而因为从众效应而伤害了家希，于是纷纷去跟家希道歉。

2. 面对欺凌，大声说"不"

我找来了家希和小圆，向她们表达了感谢——谢谢她们信任老师。在积极关注、倾听、共情的多次对话中，我走进了家希的内心。原来，为了让大家喜欢她，她讨好着这个世界，想办法让别人开心。而在讨好他人的过程中，她丢失了自己，反而招致讨厌，让别人觉得自己"装可爱"。家希泪如雨下时，我尝试唤回那个热情助人、真诚善良的"以前的家希"，并和她约定往后的日子应该"忠于自我"，成为优秀、积极向上、自尊自爱、有坚定自我价值的人，向伤害自己的人说"不"，而非委曲求全。在日常学习生活中，我经常鼓励、表扬家希，提高她的自尊水平，帮助她重新树立自信心。

总而言之，面对被欺凌者，教师首先要在情感上表达支持——"谢谢你告诉我，我很理解你的感受"；其次，要在态度上表示坚决支持——"被孤立不是你的错"；最后，在方法上要一起商量——征求孩子的意见，共同去解决。

3. 创造机会，团结友爱

阿美本性善良，只是六年级进入社会剧组拍戏，"学习"了一些成人或是影视剧里人物的相处方式，丢失了原来的纯真。面对阿美，我采用"无责备干预法"和"先跟后带"的谈话方式：先表扬优点，表扬她为班级作的贡献，接着坦陈知道她所做的一切；再引导她认识到自己其实特别在意小圆，只是不知道怎么处理三个人的关系，一起探讨如何修复友谊。一开始沉默不语的阿美，在感受到了我的无条件接纳以及给予她改正自己的机会后，主动表明会积极修复。后来，小圆告诉我，阿美给她发了信息："我们是不是和好了？"我相信，她们都开心地笑了。

风波平定之后，我和同学们开展了"守护天使"的活动：把自己的名字做成纸签，投入纸箱中，抽到谁，谁就是你的主人。你是主人的守护天使，守护他一周且不能被发现。在温暖、"刺激"的游戏结束后，他们学会了关爱同学的很多方式，知道了在守护别人的同时，也有一群天使在默默地守护自己。从此，我们班级更加团结友爱了。

案例反思

　　女生欺凌是围绕同伴关系的维护与破坏而展开的，因此解读同伴关系的交往动机和手段，是处理这类隐蔽性问题的关键。所幸，我了解一些心理学知识，懂得面对不同群体应用不同的谈话技巧。作为教师，我们平时应多关心学生日常，注意学生的情绪变化，看到学生的多个侧面，触摸学生内心最柔软的那一部分。

　　至今，没有人知道家希给我写过信，大家都以为是我看班级日志发现的，没有人会觉得她打小报告。我也没有公开批评任何一名学生，保护了她们的自尊心。在成长的过程中，我们偶尔会走弯路，但始终朝着光明。

[广东省深圳市外国语小学（景秀） 陈颖婧]

事件6：男生不满女生频频获奖，怎么办？

　　我接手了一个五年级的新班，开学第一天晨会颁奖，就扔出重量级炸弹新闻：五（8）班三名女生分别获美术国家级一等奖、二等奖、三等奖。我内心震撼，三个国家级奖项！想到自己做了十几年老师，连个国家级奖项都没拿过，有些自惭形秽。这届学生真是我的榜样！

　　这时旁边的男同学文乐开始嘀咕："每次都是她们，我家人要是送我去学，我也能拿奖，有什么了不起的！"男同学浩天也接嘴道："就是，了不起吗？看她们得意的！"听到他们这么说，我心里有一点不高兴，但为了不扫兴，没有马上喝止他们，只是走到他们旁边，让他们安静。

　　一次晨会结束后，我到办公室准备吃早餐，刚坐下没多久，班长就告诉我班上出事了。这可把我急得不得了！我刚到教室门口，就看到文乐拿着饭盒在早餐时间叫嚣起来："小媛，你有什么了不起的，不就是上台领个奖吗？整天笑得像花痴一样！"浩天凑过来："每次都是你们拿奖，我都看腻了，你们不腻吗？"还有男生抱怨："这学校也是的，我们男生都没有去画画的，全是女生的比赛，元旦唱歌跳舞，平常画画，一点阳刚之气都没有！"当看到我走进来时，教室里立刻鸦雀无声。男生们用试探性的眼光看着我，猜测刚才的话我是否听到了。小媛则带着哭腔跑来说："老师，我们得奖了，那些男生不服气，还合着说我们。"我正想说什么时，文乐和其他男生露出不屑的表情，意思仿佛是又去告状了。

这时，我走过去摸了摸小媛的头，告诉她："你知道吗，能拿全国奖项，就证明了你们的优秀。你们是老师的榜样！"并且偷偷对她眨眼，"先去吃早餐，事情我会处理好的！"面对这些男生，我的脸色严肃了起来，必须让他们有正确的认知，我说：获奖是一件值得大家一起高兴的事情，那是努力过的同学应得到的奖励。作为一个班集体，个人厉害是本事，但一枝独秀不是春，如果我们班男女生一起努力，实现共赢，像满园春色各自绽放美丽，那咱们五（8）班才算厉害！

案例分析

发生这样的事情，我通过调查了解到，获奖的学生近日并没有和其他学生发生过矛盾，所以不排除个人故意找茬的可能性。明明女生获得全国奖项是荣耀，是整个班级的荣誉，为何在我们班会引起男生的不满？经过分析思考，可能存在以下几个原因：

一是学生青春期的性别意识逐渐增强。在学生成长的关键阶段，男女生互看不顺眼，形成两大派系。加之学校的比赛在小学阶段多是艺术类，的确女生参赛较多，容易引起男女生之间的摩擦。孩子们年纪还小，容易有情绪，这也正常。

二是班级的凝聚力不强。这个班级从一年级到四年级从未分班，文乐和小媛在长达四年的相处中，矛盾不断累积直至爆发。五年级孩子的思维从不成熟逐渐走向成熟，对于旁人获奖，心存嫉妒是正常的。会发生这种矛盾，有一部分原因是班级的凝聚力不强，男女生之间为了利益而产生摩擦。

三是班级资源分配不均。这个案例看似是男女生之间的矛盾，实际是班级各项资源分配不均导致的。很多男生其实有英雄梦，但在班级中，英雄无用武之地，是此次矛盾产生的重要原因。

解决策略

1. 承认别人优秀，悦纳自己

在解决这件事上，我以下午"悦纳自我"主题班会为契机，用行动给所有学生一个展现自己的机会。在班会课上，我向三名获奖的女生表示："你们是我的榜样，从教十多年，我从未拿过国家级奖项，你们的优秀倒逼着徐老师也迫切地想变得优秀！"说这一番话语的目的是让其他同学理解三名获奖者，获奖来之不易，从来没有人能随随便便获得国家级奖项。我向大家展示了她们的获奖作品，还邀请她们三人上台讲述自己成功背后的坚持与努力。

"和徐老师一样，从未拿过国家级奖项的举手。"看到大部分同学举起手，我感慨道："以前徐老师教低年级，接触获奖的学生很少，国家级的更是没有。今天，我以这三名女生为榜样。虽然画画我不在行，但可以在老师的专业发展（比如上课）方面努力，争取在这一年内拿个国家级奖项。你们呢？想往哪个方面努力？"班级未获奖的男生或女生，在我的引导下都能承认其他同学的优势，也跟着思考如果没有美术方面的优势，则找自己其他方面的优势，接纳自己不足的同时，找到自己喜欢的发展方向。

接着，开展由成绩、运动、才艺等模块组成的活动，让学生选择自认为较优秀的模块，组织学生进行经验分享，并选举出每个模块的小组长，最后让所有学生加入自己感兴趣的模块，进行讨论。其目的是让学生发现自身的价值，不以短处比长处，也给更多同学学习不了解事物的机会。

2. 提升自身能力，超越自己

在学生面前，老师以身作则提升自己，激发学生的内在动力。那如何进一步引导学生把重心放在提高自身能力上，使其在一学期、一年内能超越曾经的自己呢？我采取"传—帮—带"的方式。

一是传授自己的经验。比如，在男生面前展示自己的体育优势。在体育课上邀请学生比赛翻单双杠，那些男生看到我比他们更灵活且速度更快时，非常惊讶，没想到女老师的速度和攀爬能力也能这么强。我顺势引导：男生虽然很少参加美术、音乐等艺术类比赛，小学体育类比赛也少，但是可以在平常的学习生活中锻炼自己的能力，以备在下一次比赛中脱颖而出。

二是帮助能力不足的同学。部分女生特长少，不自信，我在班级开展唱歌、舞蹈类活动，能较好地引导这部分学生培养爱好，长期发展。

三是小组带领进步。由三位国家级学生"专家"、两位省级学生"专家"带领，以小组的形式组成"艺术团体""学习团体"等，在日常沟通中增进男女生之间的互动，在丰富多样的活动中化解"矛盾"。

3. 合作共赢，全面发展

通过大半个学期的"磨合"，班级向心力逐渐增强，我们五（8）班获得"加油吧！少年"校级赛冠军，代表学校参加市级赛。赛事考核的主要是学生的合作精神与合作能力。"问题抢答""两人三足""车轮滚滚"等一系列项目，获得市级第二名的好成绩，学生也在合作参与中学会和谐共处，不再局限于"小我"，而是成就"大我"，全面发展。我与同学们一起制订学习计划，并扎实落实。一年中，孩子们取得广播体操比赛一等奖，证明了他们男女生合作的水平很高。我也获得信息技术与学科融合大赛国家级一等奖，在精神上给予孩子们更大的鼓舞，使得孩子们越努力越快乐，也越幸运。

案例反思

班级活动、学校活动的开展，也需要多考虑男女生的共同参与度。"加油吧！少年"本是很好的活动，但是学校只举行了一年，学生想参与此类活动的机会并不多。如果学校活动少，教师可以多组织班级活动，增强学生的合作共赢意识。

本次事件中，我做得比较好的是真诚地表达了自己对三名获得国家级奖项女生的羡慕之情，邀请三名女生上台讲述她们如何努力、如何坚持，才取得如此殊荣。在班上同学们羡慕和理解的目光中，我看到了班级同学合作共赢的希望！自此以后，我和同学们在班级里面共同努力，用实际行动证明努力终有回报。

（广东省河源市第二小学　徐莉）

事件7：集体投诉工作"负责"的班干部，怎么办？

案例呈现

当着全班同学的面，小乐对我说："马老师，我要投诉班长。我们只要被班长警告三次，就要罚抄 20 遍行为规范！我觉得他太过分了！我都被罚抄好几次了！"

听后，我如五雷轰顶，生气地说："谁那么自以为是？我没有提过这样的要求！"

"马老师，你说的啊，你不在，班长的话就是你的话。谁敢不服？小豪都抄 100 遍了！班长太可恨了，我们不喜欢他做我们的班长！"

"你们以为我想当这个班长吗？是你们选我的！其实，我早就烦透你们了！"班长声嘶力竭地喊道，继而愤然决绝地宣告："马老师，我也不想当这个班长了！"

这突如其来的班干部与同学们的冲突也将我的情绪带动了起来。我极力控制情绪，刻意压低我的高音线："冲动是魔鬼！你们都散开！等我一一查明再作决定。小乐先不罚抄，班长也先冷静冷静！"

眼下我除了让双方冷静外，只能故作镇定地另寻出路。

约上班干部代表、班级群众代表，我开始着手查明此事。

不查不知道，一查吓一跳，原来班中很多同学有类似的"惨痛"经历。班干部的管班方式非常简单粗暴，只要同学们被警告三次后没有执行班干部特别是班长的指令，他们就需要视情节罚抄行为规范 20 遍以上。

班中大多数同学与班干部积怨已深，矛盾一触即发。重换班干部，不可行，因为他们的初心也是为班级好；这件事如果由我出面帮班干部澄清，其他同学会觉得有失公正，也不可行。

案例分析

此次班干部与学生群众的冲突事件，班长、小乐、教师都存在过失。但作为教师的我，更有不可推卸的责任。静下心来，我开始梳理这次风波。

小乐平时比较调皮，学习成绩的提升空间尚大，并且一直都不配合班干部的管理。到了高年级，自主意识进一步发展的他们，开始张扬个性，再也受不了高压管控的方式。以小乐为代表的同学不想像以前那样班干部叫做什么就做什么，开始"哪里有压迫，哪里就有反抗"。他们想通过当着全班的面状告班干部，让老师秉公处理，重视对班干部的管教，还他们"民主"与"公道"。

班干部知道我是一个严格的老师，班里出问题了害怕受到老师的批评，因此，对于不虚心听教的同学，就想出了罚抄的方法。这种方法虽然简单粗暴，但见效快，加上之前屡试不爽，长此以往，他们深谙此法。然而，他们并没有意识到这件事可能造成的不良后果。

平日里，我一直奉行"事不过三"的原则，常常是"忙于扑火"，却疏忽了对班干部有效、得当的引导。为了树立班干部的权威，我跟同学们撂下狠话："老师不在，班干部的话就是老师的话。"一不小心，将班干部捧得过高，不小心滋生了班干部管班的简单粗暴与麻痹大意，也间接地加深了其他同学对班干部的敌对心理。

解决策略

1. 寓"议"于"演"——拍摄情景剧

经历这次争辩后，班长和小乐很长时间都不说话，碰面虽然不吵架，但是会怒目而视，有时候也好像在"明争暗斗"。班级似乎平静如水，实则暗流涌动。

我知道"动之以情，晓之以理"的方式不可少，但高年级的孩子单靠说理是行不通的，于是，我决定发挥情景剧生动、形象，易激起学生学习兴趣和学习动机的优点，将整个事件排练成以"相煎何太急"为题的情景剧。

将剧本发给六个小组，各小组进行为期一个星期的演练，我要求孩子们除了演，还要围绕以下命题进行议论："为什么会产生矛盾？怎样处理矛盾？下一次如何避免这样的矛盾？"给矛盾双方提出建议。

在情景剧表演的过程中，我特意观察了班长和小乐，发现：通过演的方式，当事者在具体场景的还原过程中，有了更多重新思考与收获感悟的机会，旁观者在看别人的故事时，增加了更多理性思考。在演出完毕总结时，小乐的好友小轩说："多亏班干部的善意提醒和帮助，我们才能养成良好的习惯。我们只有学会自控自管，才能与老师一起将班级建设好。"最终，小乐和班长在大家的共同努力下，握手言和。

2. "议"鸣惊人——班级议事法庭

在表演了《相煎何太急》的情景剧后，班里的"智多星"小洁给老师提出建议——增设纪检委员。班干部做得不对的时候，纪检委员可以及时提醒，主持公道。那句"主持公道"给了我灵感。于是，我们的"班级议事法庭"诞生了。

每周一的早上，同学们可以将以文字的形式写成的"冤情与异议"投进"班级议事法庭"的信箱。中午，教师与值日班干部、纪律委员、随机抽取的非参与者的议事代表召开"议事会前会议"，并按情节严重程度对"冤情与异议"排序。周一大课间，先由"原告""被告"陈词，再由双方"律师"为辩护人辩护，最终由议事委员会成员表决。"理亏方"需要按原告合理需求作出适当"补偿"。

"班级议事法庭"的诞生，丰富了我们的班级生活，更让我们班级产生了"议"鸣惊人的效果。在议事中，班级同学的冲突和矛盾明显地减少了，营造了班级管理的民主氛围。正如小乐说的："老师，在我写出'委屈'的过程中，似乎已被疗愈了一半。"

3."议"起成长——给班干部更多滋养

经此一事，我开始重视班干部培训。与班干部商量后，我们将每周五大课间定为"蝴蝶采蜜"时间（班干部会议）。会上，围绕三个议题——我的收获、我的感悟、我的下一步行动，班干部进行一周复盘与提升，我则进行点评，并提出建议。

我发现，经过培训的班干部心态更加平和，做起事来特别有干劲。他们开启"走心管班"方式：管班"议"起来了。碰到问题，班干部会议上"议一议"；碰到大问题，班会课上"议一议"；碰到难问题，和老师们"议一议"。班干部"吼"少了，大家"乖"多了；班长"议"多了，大家"怨"少了。

案例反思

悦纳德育、友善班级一直是我努力突破的方向。经历这场风波，我深刻地意识到：班级管理一定要重视班干部培养，但别把他们抬得太高，要让班干部接地气，经常走到同学们中间去。只有班干部和同学们团结一致，我们才能真正建构友好自治型班集体。我也深深体会到：权威管班管一时，施以民主方可长久！遇到事情大家议一议，非但不会浪费时间和加大我们的工作负担，反而更有助于大家更快地把握班级的发展动态，推进班级管理与建设的进程，让我们的班级朝着和融共进、和悦相生的态势发展。

（广东省佛山市范湖小学　马思怡）

事件8：男女生交往边界模糊引发冲突，怎么办？

案例呈现

那天，隔壁班的老师收缴了一张充满杀气的纸条："有本事单挑！"

我和同事倒吸一口凉气，立刻从传纸条的学生那里开始了解事情的原委。紧接着，我们又遵循低调、平和的原则暗访了几位知情同学，尽可能传达老师的善意，获取到纸条背后的来龙去脉：纸条是我班的男生小梁传给隔壁班的男生小李的，因为一个叫小袁的女生。

小袁的形象、气质在女生中较出众，入学不久就主持了一次校级活动。主持当天，化了淡妆的小袁更加清新可人，一时间成为班级小"顶流"。同班的男生小梁开始对小袁示好，找机会接近小袁，不久两个人便形影不离，关于两个人的传言也风声四起。

没过多久，小袁觉得小梁开始干涉她交友，她想摆脱小梁，又不敢告诉父母和老师，就通过他人去联络了隔壁班的体育生小李，并打听其喜好，营造了一股暧昧之风。小李在"风声"的裹挟下结识了小袁。意气用事的小李联合六个体育生在课间"围堵"了小梁，要求小梁以后不许纠缠小袁。

小梁也是个不服输的人。面对小袁的冷淡和小李的威胁，由失望到愤怒，他选择了"火拼"。小梁放风出去，说自己购买了弹簧刀（后经核实，没有购买），并给小李下了一道"英雄帖"："有本事单挑！"

在了解矛盾的过程中，我和同事一边告诫同学"不要背后再议论此事"，不要因为老师的介入让当事人以为"东窗事发"而诚惶诚恐，一边叮嘱班干部关注三个人的行为举止。

案例分析

小袁是一个想被"团宠"的女生，天性爱美，还有意吸引异性的目光。她父母对此也略有了解，如果发现有与她交往过密的异性，经常对她盘问再三。小袁遇到小梁纠缠没有向父母求助，就是怕被家长责问。面对险些酿成的大错，小袁意识到自己不该用这种方式去解决。小袁需要老师和她"谈谈心、说说爱"。老师成为孩子的知心人，才能有机会在问题出现早期引导迷茫的孩子。

男生小梁的父母是名企高管，父亲长年在国外出差。小梁向我倾诉最多的是自己对家人的抱怨。在他看来，爸爸给他打电话不外乎两件事：过节给钱、生日送礼。爸爸妈妈经常争吵，不顾及他的感受，这让他更加渴望温情。在阅读了一些关于青春期恋情的小说后，他就把对情感的需求转到小袁身上。缺乏家庭温暖的他看到小袁的微笑时，感觉世界充满了阳光。于是，他就把小袁当成了自己心中的"白月光"，纠缠不放，想要"独占"她的情感世界。看来，有点"偏执"的小梁内心的缺失感也需要被亲情填补，还需要树立健康的交友观。

小李有股子侠肝义胆，联合队友，仗着人多，想"搞事情"，要掌控话语权。若任由其发展，就可能形成校园帮派。体育特长生同吃同住同训，好胜心强，又比较团结。他们分散在不同的班级，一旦发生认识偏差，家长和教师关注延迟，就容易错失在第一时间对其进行思想教育的机会，所以对他们的教育引导要常态化，以预防为主。这件事情还反映出同学们缺乏法律意识。

教师处理这个情感矛盾时要深浅有度，解决问题时要给学生留颜面，科普安全常识，也要肃清班级里的信谣、传谣之风。

解决策略

1. 了解经过，抓主要矛盾

事情发生后，已经有人对小袁"指指点点"了。我把知情者召集起来，首先肯定大家积极配合，接着告诫他们中伤他人、造谣生事是不当行为，以网络暴力的例子教育孩子们文明守礼，增强个人修养，不能煽风点火。包括传纸条在内的这些孩子听了以后才意识到自己的行为是推波助澜。

我把小袁带到心理谈话室，亲切地和她谈心。我的不怒不火让小袁感受到了来自老师的温情。小袁说自己惹了祸，老师还信任她，并帮助她走出烦恼，自己也要作出改变。这之后，小袁一改以往在男生面前的"暧昧"言行。

开始，小梁和小李互不服气，我和同事把两个孩子叫到一起谈话。小李意识到自己一时冲动激怒了小梁，小梁承认自己其实不敢购买弹簧刀，因为觉得自己不能输才想单挑小李。当面解释后，两个孩子互相化解了怒气，握手言和。我们之间也作了个君子约定：以后遇到自己欣赏的人，要发乎于情，止乎于礼，遇到问题要先向家长、老师寻求建议，让始于美好的情感永葆善意。

2. 以活动为载体，促人际关系融洽

通过这次事件，我发现班级学生对"男女朋友"的话题特别敏感，适时开设了有关青春期的班会课。班会课上，我设计了一个环节，让同学们谈谈对异性的认识。同学们表示，女生温柔、细致、认真，男生爽快、做事效率高，男女生之间正常交往可以优势互补。轮到我内定的男生代表小梁发言了，他搓了搓手说："我觉得女生比较有礼貌，我也要让自己绅士一些。"小梁又壮了壮胆，接着说："我以前对同学不礼貌的地方，请原谅。"在同学们的掌声中，我看到小袁也释然了，两个孩子一起把过往翻篇了。课后，关于男女生的传言之风被刹住了。后来，小梁竞选上了体育委员，交了更多的朋

友，人也开朗了很多。

3. 家校沟通，协同育人

小袁妈妈感觉孩子的问题是"怕啥来啥"。我建议家长和孩子交流的思路从"围堵"变为"疏通"。妈妈表示，这次孩子能够在老师引导下明白事理，以后也会多给孩子一些信任和引导。小梁的父母接到电话后，放下工作赶到学校。小梁看到父母对自己的"紧张"，瞬间泪崩！这之后，小梁的父母也在每周中选择一天作为温馨的家庭日。小李的教练和父母得知孩子围堵同学的行为后，也反思自己对孩子思想教育的放松。教练加强了对全体队员的思想引导，明令禁止挑衅行为，提高学生的法律意识。之后，小李的父母也经常和老师沟通，小李也慢慢褪去了"匪气"，和同学们平和地交往了。

案例反思

学生之间的情感冲突，教师往往是"最后知情人"，说明孩子们与成人之间需要建立信任。因此，教师处理这类问题时，要以尊重为前提，让"解决问题"成为"师生互信"建立的契机，提高家校育人效果。

在工作中，教师还要增强教育的预见性。比如，在小袁头顶光环的时候，我可以适当地引导她回归正常的学习生活，有意识地帮助她避免风头过盛，招致是非。对待出现的冲突，教师要保持冷静，正面期待，积极介入。在案例中，我不仅正面解决学生矛盾，更注重守护学生的正面形象，控制舆论、扭转风气，让"风"不再"起"、"云"不再"涌"，实现个人和集体的健康成长。

教师要不断改进工作方式方法，提升教育艺术，主动走进学生的内心世界，成为学生信赖的引路人，帮助他们正确对待青春期萌发的情愫，避免误入歧途。

[广东省深圳实验学校（坂田校区） 崔丽霞]

事件 9：日常评比导致男女生对立，怎么办？

案例呈现

语文课上，为了调动学生朗读的积极性，我提议："咱们男女生比赛读吧！"这篇课文是一首现代诗，显然更适合女孩朗读。果然，女生读得声情并茂，韵味十足，自然胜出了。宣布结果的时候，女生们眉飞色舞，欢呼雀跃；男生们则眉头紧锁，一片嘘声！我当时没有在意，觉得都是孩子们的好胜心使然，也就简单处理了一下。

紧接着下节课是体育课，其间体育老师突然打来电话："快点，杨老师，不好了！你班男女生打起来了，场面快控制不住了，你快过来啊！"我的心情顿时跌到了谷底，火急火燎地跑到操场。映入眼帘的是：几名男生和女生正扭打在一起，有的男生揪住女生的辫子不放，被抓女生的头发都被拽下几根；有的女生则使劲挠男生的胳膊，男生的胳膊被抓出了一道道血痕……男生在左，女生在右，自动分成两个阵营，正在为各自阵营呐喊助威，那响声震耳欲聋！只见他们个个面红耳赤，摩拳擦掌，好像随时准备投入激烈的战斗中去……

我大喊一声："住手！"稳定大局后，把男女生阵营疏散了，体育老师继续上课，我则把那几名为首的男生和女生叫到办公室询问原因。女生妍妍气呼呼地说："体育老师让我们男女生进行跳绳比赛，我们女生赢了，男生就说不公平，还挑衅说要跟我们重新比拔河。我们不服气，就打起来了。""哼，凭什么总是你们女生赢，你们敢跟我们男生比赛拔河吗？"男生彬彬辩解道。他们俩互不相让，差点儿又吵闹起来。

看着他们剑拔弩张的状态，我叹了口气，看来这个班男女生之间已经水火不容了，班级竞赛风气不好！

案例分析

这是我新接手的五年级的一个班。这个班男女生人数相当，而且各方面表现也旗鼓相当。比如课堂上发言积极，参与活动的主动性强。刚开始，我还心中窃喜，教学中也习惯用男女生竞赛的方式调动学生的积极性。

此事发生后，我立刻向上一任老师了解情况：蔡老师反映，以前为了调动孩子们的学习积极性，也经常让男女生开展各种竞赛。一、二年级时，男女生相处得还好，可到了三、四年级，男女生就逐渐对立了。还有一个孩子写过一篇作文《男生女生是死对头》，文章里列举了好多次男女生之间的"战斗"……之后，我还分别对男女生进行了相关的问卷调查。有的男生认为，既然是比赛就必须绝对公平，体育课比赛跳绳明显女生占优势，所以男生觉得很不公平，于是就和女生打起来了，以此来抗议，并没有意识到此举的不妥；还有的女生表示她们不和男生交往，是因为班级有的同学看到男女生在路上一起走都会瞎起哄，为避嫌，大家干脆保持很远的距离。看来造成这个局面的原因是很复杂的。随着高年级孩子们自我意识的增强，他们对老师不再那么"言听计从"了，既不会正确看待比赛，也不会正确处理异性关系，做事又容易冲动，冲突就不可避免了。

说实话，我、体育老师，还有以前的老师，对造成这样的局面也负有一定责任。教学活动中，我们总是习惯性地把男女生分成两个大组，让他们进行对抗性的比赛，而对比赛结果又缺乏正确的引导，导致学生出现认知偏差。这样的管理策略大大激发了男女生的胜负心，男女生就互把对方看成竞争对手了，逐渐形成固化的"站队"思维。由于我们的管理策略失当，在小学低年级表现得还不明显，到了中高年级，男女生之间就逐渐出现"男生在左，女生在右"的对立局面。

追根溯源，在小学高段，男女生不能正常交往，表现出对立的状态，往往是心理问题。五年级学生跌跌撞撞摸到青春期门槛，独立意识越来越强，情感体验越来越丰富，性别意识开始萌生，互相对异性好奇，可又不知道如何正确交往，担心交往过密被人说闲话，所以就出现了"互相嫌弃"的情形、互不沟通的尴尬场面。

教师如果任其发展下去，男女生对立的情况会越来越严重，班级竞赛的风气也难以进入良性循环，这对于班级管理来说无疑是不利的。而且，现在不教会孩子们如何正确与异性相处，如何正确看待比赛中的输赢，也会影响他们青春期与异性的健康交往，甚至对他们以后的人生之路产生深远影响。

解决策略

如何改善这种不良局面，帮助孩子们顺利而快乐地走完小学最后一个阶段呢？我采取了以下三种方式。

1. 换位反思，迈出携手第一步

冲突发生了，我先稳定大局，及时阻止了打架事件，然后在班会课上让男女生互相反思，告诉孩子们遇到冲突不要总是去指责对方，而应从自身找原因。在我的循循善诱下，男女生换位思考……在沉思中，他们相互理解，明白了男女有别，各有优势。在我的引导下，他们终于互相道了歉，达成了初步的和解。

小学高段孩子不能正常与异性交往，往往是由于思维惯性自动站队，由于心理原因互相排斥。我们还要通过开展一些有意义的携手活动，逐步消除他们之间的心理芥蒂，才能打破他们原有的思维模式，促使他们勇敢地迈出正常交往的第一步。我在班级特意组织了一次小型的诗歌朗诵会。朗诵会要求每个小组出一个节目，所有的节目都必须是男女生一起参加的。在这样看似"不合理"的规定督促下，男女生不得不在一起商量节目内容和展现方式。在讨论中，他们勇敢地迈出了第一步；在排练中，他们打破了隔阂；在表演中，他们解开了心结。活动刚开始，其实孩子们都是很不好意思的，互相推推搡搡的。后来我亲自上阵，拉了一名男孩做搭档，完成了一个朗诵节目，孩子们才逐渐进入状态。

2. 体育竞赛，正面激发凝聚力

体育竞赛最能激发凝聚力，要解决孩子们的问题，光靠我还不行，还得把体育老师请出来，形成多方协同育人合力。我和体育老师协商，特地在体育课上组织了几场有针对性、有气氛感的比赛。第一次进行的是男女生混双乒乓球赛，让孩子们自由组队。比赛那天，有 15 对选手参赛，场面异常精彩。第二次进行的是男女生混合 10×50 米接力赛，全班参与。我把全班分成四个小组进行接力。比赛中，孩子们似乎忘记了性别，互相鼓励，互相帮助……第三次进行的是男女生混合拔河，将全班男女生均匀搭配，分成两个大组，进行拔河比赛。在拔河赛开始前，有的男生为了赢得比赛，干脆手把手地去教女生动作和技巧。女生们似乎忘记了羞涩，欣然大方地模仿学习。在体育竞赛中，男女生们的凝聚力悄然增强。他们挥洒的不仅是汗水，还有真挚的同学情谊。每次比赛结束后，我都会花半节课引导孩子们进行一次总结和反思，分析比赛输赢的原因。他们逐渐学会了反求诸己，向内归因，不再去斥责竞争对手，班级竞赛的风气渐渐好转。

3. 主题班会，真诚表达欣赏点

我请来学校的心理老师为孩子们上了一节男女生交往的心理指导课。通过心理老师的专业指导，孩子们认识到性别是自然赋予我们每个人的特别礼物。一个心理健康的人，应该坦然接受自己的性别，并努力依据社会的要求来塑造自己，成为社会所期望的性别角色，展示自己的性别魅力。这个世界就是由男性和女性组成的，这样构成的世界才和谐。我们还应该在与异性交往中学会互相尊重、自重自爱、自然大方、不拘谨、保持距离、把握尺度。

接下来，我还特地上了一节以"请为竞争对手鼓掌"为主题的班会课，让孩子们认识"胜败乃兵家常事"，重在比赛中的体验和成长，学会为竞争对手鼓掌，学习对方的长处。最后，我在家委会的协助下特意组织了一次温馨的"阳光男孩，魅力女孩"的主题班会，让孩子们通过互相说男生和女生的优点，意识到男女生互有优势，应该互相学习，互相帮助，实现共赢。在"真心话大冒险"活动中，孩子们纷纷走下座位，通过语言、握手、微笑等，大胆表达对异性同学的关爱和欣赏，互赠礼物。在热烈的氛围中，我感受到了纯真的同学情谊在流淌……

　　一系列主题班会活动下来，孩子们树立了正确的男女生交往的观念，也能够正确地看待竞赛结果，更收获了彼此的关爱和帮助，品格得到了升华。

案例反思

　　男女生交往一直是很多小学高段老师不敢触碰的主题。老师不仅担心男女生对立，影响班级团结，也担心男女生过分亲昵，造成不必要的麻烦。男女生健康交往其实是有积极意义的。男女生健康交往，可以实现个性互补，学生更为豁达开朗，情感体验更为丰富，意志也更为坚强。所以，老师不必避讳，只要把握好尺度和方法，异性交往将成为孩子们小学生活中一抹亮丽的色彩。

（广东省深圳市育才第一小学　杨柳）

事件10：宿舍物品"丢失"引发猜忌，怎么办？

～～～～～～

案例呈现

我所在的高中，学生每月只放一天假。在某个月假之后返校的第一天，女生301寝室里，敏敏的手表不见了。敏敏说，手表是爸爸送给自己的16岁生日礼物，好几百块钱买的，椭圆形的表盘，粉色的表带，很精致，她很喜欢。她清楚地记得，带到学校来只给她下铺的芳芳——她的闺蜜欣赏过，然后就放在枕头下面了，等上了一个晚自习之后，就再也找不到了。

这让我犯了难。一是女生寝室里没有监控，不能还原当时的场景；二是在没有确切证据的情况下，我不能怀疑任何一个人。因此，我只好一边让敏敏仔细确认一些细节，一边发动301全寝室的人帮忙找。

301寝室的小姑娘们都很卖力，她们把床搬开，把敏敏以及芳芳床上的垫子、床单、被子、被套，统统捋过一遍，把床下面的每一个犄角旮旯都搜寻了一遍……然而，结果让人非常失望，依然没有发现敏敏那块手表的踪影。

不过，经过这一番折腾，一个新的让人揪心的情况又悄然发生。由于全寝室的同学都知道敏敏丢了手表，而且按照敏敏的说法，芳芳是唯一见过这块手表的人，所以在公开寻找手表行动之后，芳芳就成了301寝室里的众矢之的。一开始，她们有人只是怀疑芳芳拿了表；继而，觉得她品行有问题，有意疏远她；再到后来，就有人议论说芳芳是小偷，自己跟小偷住同一个寝室，心里不爽；到最后，竟然有人趁着芳芳不在寝室的时候，偷偷地去芳芳的柜子里、皮箱里翻找……

当然，作为一个男老师，我是不可能第一时间知道这些情况的。这些都是芳芳扛不住了，在办公室里哭着鼻子告诉我的。

芳芳只知道有人议论她是小偷，有人偷偷翻过她的柜子和皮箱，但到底是谁在议论，谁偷偷翻过她的柜子和皮箱，她说不清楚。

一连串出乎意料的行为，让我意识到了问题的严重性。我立马召集301寝室的同学开了个会。我告诉她们，敏敏丢了手表的确是一件让人非常遗憾的事情，但是丢了手表之后大家无端猜忌，是一件让人无法接受的事情，也是一件会导致严重后果的事情……然后，我摆出了教师的权威，严厉告诉她们，我一直在采取行动关注此事，要求她们不准瞎议论，不准针对包括芳芳在内的任何一个人采取行动……

然而，戏剧化的一幕出现了。开完此会之后的第二天，吃早饭的时候，敏敏跑来告诉我，她回寝室的时候，发现她的那块手表端端正正地放在她的枕头上……

案例分析

手表丢了之后，敏敏出现焦急、紧张等情绪。由于一心想着找回手表，她没有第一时间告诉老师，没有反思自己保管不善，在回忆细节的时候有明显的暗示。这一系列接连出现的失误，都为矛盾的发展埋下了伏笔。

事件发生之后，其他学生对丢手表这件事感到好奇，对敏敏表示怜悯，进而主动帮她寻找手表。但遗憾的是，她们中没有人分析信息之间的逻辑，没有人分析信息的价值，在敏敏无心的暗示误导之下，凭着一腔热情在寻找手表。这最终导致301寝室出现猜忌、排挤等现象。301寝室其他女生的行为为矛盾的发展起到了推波助澜的作用。

手表丢失之后，作为教师，我的表现，特别是前期的处理，则明显比较随意，欠考虑，被矛盾牵着鼻子走，始终处于被动应付的局面。在301寝室出现猜疑、排挤等严重问题之后，我才警醒，专业意识被激发出来，在矛盾变得不可收拾之前，迅速强势介入，平息事端。

其实，在学生群体中，有人丢东西的情况其实是比较常见的。究其原因，一方面是学生收纳习惯不良，财物保管不善。比如本案例中，敏敏上晚自习课的时候，把手表"放在枕头下面"。另一方面，爱占便宜是人性弱点，不能排除有学生看到别人的东西有意据为己有。如果班级里发生了类似的事情，教师千万不可掉以轻心，必须高度关注，及时智慧处理，否则矛盾很容易被激化，发展成为公共事件，处理难度变大。

解决策略

在后续处理中，我从以下几个方面进行补救：

1. 引导内省，提升防范意识

学生丢失东西，教师要想"破案"挽回学生的损失，很多时候其实是非常困难的。毕竟，教师不是"破案"的专业人员，处理手段也非常有限。因此，在带班的过程中，引导学生在集体生活中预防东西丢失非常重要。本案例中，敏敏把贵重的手表拿来让芳芳欣赏，而且很随意地放在枕头下面，一点防范意识都没有。教师需要引导所有学生认识到这一点。我引导学生思考："敏敏的手表不见了，是否与其保管不善有关？如果敏敏在收纳上能够更慎重一点、更谨慎一点，也许就没有后续的波折，芳芳也就不会受到排挤，寝室里团结的氛围也不会受到影响。"

2. 巧设台阶，化解潜在矛盾

案例中敏敏的手表不见了，肯定是有人拿了。到底是谁出于什么动机拿了，我们并不清楚，但可能的情况还是很多的。这个人可能是想据为己有，也可能就是想欣赏一下，还有可能就是想跟敏敏做个恶作剧。这是值得探究的。引导学生分析这些可能性，不仅是培养学生的发散思维，引导学生多角度看待问题，而且可以变相地为受到大家排挤的芳芳减少影响。因此，在后续处理的时候，我引导学生着重进行分析。学生根据后续的事实，其实可以很快得出结论，这个拿了敏敏手表的人就是想欣赏一下手表，或者就是想跟敏敏来个恶作剧的可能性非常大。在此过程中，有同学在发言的时候更是直言此事件中芳芳很委屈。至此，我抓住契机，立马组织了一个活动，让301寝室的成员向芳芳道歉。

3. 深化认识，着眼未来

经历了手表失而复得的事件之后，301寝室的成员对自己身边的小伙伴都会形成新的认识。301寝室是否还能像以前一样团结，也是一个非常重要的问题。如何化解心中的隔膜，让她们重归于好呢？这需要深化她们对同伴的认识，让她们着眼未来，重新修复关系。我设计了一个小活动，把一张光滑的A4纸展示给学生看，然后揉成一团展开，再给学生看。我告诉学生，如果说手表丢失之前301寝室的同学关系就像这张光滑的A4纸，那么，经历了手表丢失事件之后，301寝室的同学关系就会像纸一样产生了折痕。同学之间的友情，特别是寝室的同学情，是我们一辈子的资产。在日常相处的过程中，遇到问题，遇到矛盾，是很正常的事情。遇到这种情况，我们要约束自己的行为，三思而后行。毕竟，再好的关系，一旦产生裂痕，也很难恢复如初。

案例反思

学生之间的矛盾，特别是群体之间的矛盾，往往是错综复杂、影响深远的。教师在处理的时候，一个基本的原则是，要始终把保护学生放在第一位，把育人放在第一位。具体而言，就是遇到问题要从育人的角度出发，引导学生把善的一面释放出来，让所有人都受到教育，而不是简单为了处理问题而处理问题，放任学生以寻找东西为由相互猜疑，甚至排挤，被各种情况牵着鼻子走，留下隐患，甚至生发出不必要的伤害。

（湖北省襄阳市保康县一中　杨绪兵）

事件 11：学生遭遇室友孤立，怎么办？

"老师，为什么受伤害的总是我？"这是初一的男生小涛，在白天经历多件事情后，对我脱口而出的感慨。闷热的 6 月，寄宿学校的这一天显得格外"滚烫"。

晨读开始前，小涛就举报室友给他起绰号，称他是"外省仔"。之前家访，我了解到小涛从小在省外生活，直到去年才转学回到家乡就读，家乡话说不好，说话太急促导致发音不清晰，私底下会被调侃。但这个绰号涉及侮辱同学，于是我立刻叫来同宿舍的其他人，询问是否确有其事。我严厉地教育了他们，并且要求他们停止这种行为。他们作了保证，我让他们互相监督，此事也就暂告一段落。

午餐时间，大部队到达餐厅时，几位分餐的同学还在忙碌着。分餐的同学中就有小涛，他正把米饭快速盛到同学们的餐盘上。同学们都安静坐下，小涛同宿舍的几个男生却趁机发起牢骚，盯着小涛说道："饿死了，你能不能快点啊？"这句话莫名地点燃了小涛的火气，他冲着那几个人激动地喊道："干吗对着我说？大家一起分的餐，怎么不说别人？是不是觉得我好欺负？"这个"灵魂三问"让几个男生也怔住了，不再说什么。我刚好看到这完整的一幕，小涛也看到我，我伸出右手，掌心向下压，做出让他冷静的手势。他看懂了我的指令，深喘几口气后继续分饭。吃完饭后，他们就各自回宿舍午休了。

傍晚洗澡时段，我到学生宿舍值日。巡查到小涛宿舍时，看到小涛站在门口，手里紧紧攥着一个黑色塑料袋，朝着宿舍里面骂骂咧咧的。他看到我，一脸委屈地说："老师，有人在我的行李袋里扔垃圾，有人报复我。"边说边把塑料袋递给我。塑料袋没有打结，里面是一些用过的揉成团的纸巾。结合今天发生的种种事情，强忍怒火的我走进宿舍，压低嗓子问塑料袋是谁的，却无人认领。根据塑料袋被发现的位置，我怀疑是小涛的下铺室友——小丰，于是我等着他洗完澡进来。

小丰进来后，一脸疑惑地看着我。我举起袋子，开门见山地问这是不是他的。他愣了一下，朝我点了点头。我提高音量说道："那你来给我好好解释一下，里面是什么，为什么会出现在小涛的行李袋里。"小丰低着头不说话。

而小涛一直碎碎念，把宿舍里发生的一些旧事都翻出来吐槽，越说越起劲，最终小丰被激怒，猛地抬起头大声对小涛说道："别吵了，总是说别人，自己的问题却不改，我们忍你很久了。""那你就可以做出这么恶心的事吗？"我大声呵斥道。这次小丰的回答很快速，他激动地说："不是我，这个袋子我中午睡醒就找不到了。"

此刻的宿舍就像即将引爆的火药桶。我没有继续追问下去，简单交代大家整理好内务，然后回教室去上晚自习。我带走了那个垃圾袋，打算晚上再找两人沟通，进一步了解情况。

案例分析

这个案例由一天内的三个单独事件构成，但事件之间却有一对共同的矛盾，即小涛与室友群体的矛盾。从小涛在食堂的怒吼，到小丰在宿舍里的咆哮，都说明矛盾由来已久。

小涛一直随父母在外地生活，突然加入本地学生群体，存在语言沟通障碍，感觉被孤立，这使他很在意同学们对他的态度与评论，内心敏感，觉得室友们都在针对他。这是长期相处下来对于室友们的一种刻板印象。

小涛的室友们在与小涛相处过程中，把积攒的不满用所谓"玩笑"的方式进行宣泄，但却忽略了对他人的基本尊重。如果任由其发展，可能引发双方更激烈的冲突，导致严重的校园安全事件。

小丰在被小涛激怒后的那段言语，也透露出他对小涛的种种不满都印在潜意识里。沃尔特·李普曼曾在《舆论》里首次提出刻板印象的理论。在人际交往中，教师需要引导学生了解"学生是发展中的人"，努力去发现身边人的闪光点。

作为教师的我在处理"丢垃圾事件"时，也受到刻板印象的影响，简单粗暴地对小丰进行怀疑和指责，没有控制好情绪。后续的调查结果也验证了一个道理——真相是需要仔细调查的，不能靠猜测和怀疑随便定论。

通过这个事件，我需要进一步思考的问题有两个：第一，班级的同学是否对于校园欺凌有清晰的概念？这是亟须摸查班情，并向孩子们普及的一个知识。第二，小涛的遭遇，在班上是否有类似的情形？学生之间发生矛盾，如果能有互爱互信的班风作为支撑，相信带来的伤害程度也会大幅度降低。因此，是时候以此为契机，再次引导班级的班风建设了。

解决策略

我从以下三方面进行应对：

1. 维护尊严，共情倾听

过了两个小时的冷静期，我先找小涛沟通。为了维护学生的隐私与尊严，我向年级组借了一间行政办公室，在安静的环境中交流，这样学生更敢于表达真实情绪。在聊天过程中，他不自觉地流下眼泪，说出那句："老师，为什么受伤害的总是我？"我递上一张纸巾，轻拍他的肩膀，表达着对他的理解。之后与小丰聊天，他说是平时各种小事叠加在一起，才导致了今天的情绪爆发。在与他俩的沟通过程中，我有意引导他们回忆对方的优点。等到当晚学生回宿舍就寝后，我走进他们宿舍，让他们坐在自己床上，开个简短的闲聊会。同时，借我之口，转述小涛和小丰刚才提到的对方的优点，他俩都不好意思地笑了，都在宿舍里总结自己做得不足的地方。另外，丢垃圾事件其实是个意外：小涛从行李袋拿出衣服后没有拉上拉链，且没有推回床铺底下，刚好放在小丰床尾的地板上。小丰有鼻炎，有放袋子在床尾装垃圾的习惯，午休时无意间把袋子踢到床下，碰巧就落到了小涛的行李袋里。至此，当天的事情算是初步解决了。

2. 潜移默化，强化认知

根据调查，我了解到学生对于"校园欺凌"只是一知半解。于是，我在第二天找了电影《悲伤逆流成河》的片段，打印国家关于校园欺凌的新政策法规。在夕会上，我播放视频和下发资料，让学生看完后写感想。然后，我特意选取了小涛和同宿舍的同学写的进行朗读。他们稚嫩的文字表达了两个意思：第一，知道校园欺凌的危害；第二，会控制自己，不做欺凌者。我继续借题发挥，倡导除了不当欺凌者，面对被欺凌事件时，也要在力所能及的前提下勇敢发声。接着，我把自己设计的《反欺凌倡议书》拿出来，让孩子们签名，积极向欺凌行为说"不"。最后，我以取绰号为例，把绰号分成伤人的外号和赞扬的雅号，以"飞人苏炳添""铁人王进喜"等雅号让学生辩证地看待绰号。我还"牺牲"自己，让学生现场给我取雅号，顿时教室里笑声一片。

3. 以身作则，引领班风

几天后，我设计了一场关于真善美的班会课。首先，我播放了一则公益广告，表现一个人善良友好的品格，借此达到共情的目的，方便开展接下来的活动。接着，我拿出一块绿色石头，称之为"感恩石"，希望同学们接力，将石头放到自己最想感恩的同学的手掌心里，并握紧对方的手，说出内心真实的话语。一开始，孩子们显得很拘谨，于是我先拿起石头，向着小丰走去。所有人都感到疑惑。我在全班面前缓缓讲述丢垃圾事件中我因为刻板印象，对小丰大声吼叫的错误处理，当着大家的面向他道歉。教师的主动引领与亲身示范，会赋予学生莫大的动力。于是，多米诺骨牌的真心话传递开始了。

案例反思

很多时候，学生之间发生矛盾，是因为缺乏有效沟通。因此，教师在处理事件时要学会抽丝剥茧，创造让学生真诚沟通的机会。另外，在班级建设的过程中，除了常规的表扬与鼓励之外，应当适当地开展自我批评，教师和班干部可以起带头作用。毕竟，常思己过，常正己行，方得他人同等的善待。

（广东省汕头市潮阳启声学校　李煜林）

事件12：女生不满男生恶作剧引发冲突，怎么办？

案例呈现

"老师，班里很多男同学最近老是玩那种纸炮，专门吓女同学，特别是小晔哭得最惨，她又被小伦弄哭了。"我刚上完两节课回办公室坐下，班里几个女班干部就跑过来投诉了。

"什么是纸炮？"我不解地问道。

"老师，就是用纸折成的，然后向下用力一拉，纸张就会发出'啪'一声很响的声音。"班长向我解释。我苦笑道："走！咱们回班，看老师怎么收拾他们！"

随着我走进班里，闹哄哄的班级瞬间静止了。我严肃地说道："听说最近咱们班有许多同学玩纸炮，并用来吓唬班里的女同学，请参与的同学站起来，我会从宽处理，特别是伦哥。"结果一下子站起来十几位男同学，大家不约而同地看向讲台下的专属"宝座"——小伦的位置，此刻他低着头站了起来。

一阵骚动过后，我让还在哭泣的小晔把事情经过讲清楚。小晔把矛头直指小伦："老师，刚刚课间的时候班里的男同学都在用纸炮吓唬女同学，我坐在自己座位上看书，小伦就从我背后用纸炮制造出来的响声吓我！我当时真的被吓到了！"此时其他女同学纷纷指证起来："老师，我刚刚看到了，确实是小伦故意去吓小晔的。"大家七嘴八舌，随着激烈的讨论，越来越多的人加入指责小伦的行列中。

突然，小伦扯高了嗓子冲着小晔喊："我没有！你不要污蔑我！我又不是故意的，我只是当时不知道被谁绊倒了，不小心顺势而已！"说完脸上露出一副豪横的姿态。面对同学们的指责，小伦丝毫不怯场，一个一个地回击，颇有以一己之力舌战群雄的架势。班里瞬间乱成一锅粥，"砰"的一下，我狠狠地拍向讲台，全班立马安静。可万万没想到的是，平时能被我压下去的小伦，这次却一反常态，见我生气，他自己反倒更加激动，踢着桌子撕心裂肺地叫喊着："我没有就是没有！我就是不小心被同学绊倒了，不信老师可以去查监控！"

当即我就火冒三丈，看着他撒泼的同时极力地回想整个事件的来龙去脉，可"不信老师可以去查监控"这句话不断地在我脑海里重复。那一瞬间我有点质疑自己的判断，难道这次真的是我冤枉了这位全校闻名的"大人物"？

案例分析

小伦借用玩纸炮的契机对小晔进行吓唬，是想通过恶作剧获取别人的关注。面对同学们的指责，他情绪进一步激动，选择以激烈的方式进行对抗。他用这种方式导致班上同学害怕与妥协，如果不加以制止，他以后就会变本加厉，更易怒、更冲动，甚至有暴力倾向。父母长期的纵容与过度保护，也致使他平时在犯错时无法意识到自身的问题。

小晔笃定小伦就是针对她，是因为她不止一次被小伦欺负。此前两人矛盾重重，心存积怨，遇事就会把过往的情绪也带上。如果继续发展下去，必然会对小晔造成一定的精神压力。

小晔把以往累积的情绪发泄出来，在控诉的过程中是"断章取义"式的指认，导致小伦剧烈反抗，以此表达对小晔控诉的不满。

两股强烈的情绪硬碰硬，谁也不让谁，小晔的不原谅，可能会换来小伦日后变本加厉的针对，小伦的逃避则会形成侥幸心理。两人的矛盾处理不好，有可能会造成班集体形成男女对立的两个阵营，不利于班集体的团结，也会影响到班风及班级的管理。

以往我肯定会火冒三丈地对小伦进行批评惩戒，用更为粗暴的方式去压制他，但后来我选择转移情绪的方式来处理，成功化解了小伦跟小晔的矛盾。及时给他们"泼水降温"，是为了避免事态变得更加复杂严重，同时也让学生的关注点回到"玩"这件事情上，为后面进一步解决问题作了很好的准备和铺垫。

解决策略

1. 逆向思维——探究纸炮原理

面对小伦的强烈反应，就在同学们认为我此刻必定会爆发并痛斥小伦的时候，我却提出了一个很意外的问题——让学生讲一讲纸炮的形成原理，如何让它发出最大的响声。果然，同学们有些猝不及防，而正在闹情绪的小伦瞬间就惊愕了，呆在原地看着我。明明就是因为玩纸炮才引发了这个事件，按常规的思路，老师应该是批评禁止才对，偏偏我反其道而行，鼓励大家积极探究，展开思考。

我重申一遍问题时还附加了奖励规则——谁能讲出纸炮的形成原理，不但不批评他，还要表扬、奖励他，进一步激励学生探究的欲望。孩子的天性就是玩，我们应当遵从学生身心发展规律，鼓励学生从玩中勇于探究。

2. 顺水推舟——举行纸炮大赛

在同学们积极回答之后，我进行了小结，并给大家讲解了空气阻力的原理。大家听完我讲解后，以为这件事情就这样过去了，没想到我随后宣布举办一次纸炮大赛，比一比，看谁做的纸炮响亮。顿时班里一阵欢呼！我让学生合理利用刚刚讲解的原理，以小组为单位，积极探讨，协同制作纸炮。每个小组派一个代表出来参赛，获得冠军的小组及个人有丰厚的奖励。

顺应逆向思维的发展，把玩纸炮吓唬女同学这种错误的游戏行为，"将错就错"地办成一次纸炮大赛，可能会有意想不到的效果。

3. 化解矛盾——开展合作活动

同学们在听完我的规则后，便开始展开了激烈的讨论，也动手操作起来。这一过程中，前一秒还在争吵不休的男女同学，下一秒就因为纸炮大赛共同努力着。反观两位当事人小伦与小晔，似乎也都暂时放下了彼此的"恩怨"，投入到各自的小组探讨中。大家都不计前嫌地献言献策，丝毫没了刚刚"反目成仇"的场面。男女同学之间的矛盾随着纸炮大赛的小组活动，自然而然地在无形之中就化解了。

"硬碰硬"必定会两败俱伤，不让学生之间正面冲突，巧妙地化解矛盾，是"以柔克刚"的做法。男女生之间的相处还需要磨合，男女生之间友好相处、互相尊重、团结互助，才是化解男女生矛盾的最终目的。

案例反思

男女生之间的矛盾是日常教学生活中经常会碰到的，也是比较常态化的问题，教师要从一个事件学会"举一反三"。男女生之间的矛盾也并非局限于男生欺负女生，也有可能是男女生之间的竞争，或是男女生之间对问题的不同看法。消除男女生之间的这种差异化"偏见"，让学生学会尊重、友善、互助、团结，增强班级的整体凝聚力，这才是教育的目的。

（广东省汕尾市盐町头小学　李晓腾）

事件 13：因误会或猜疑引发同学间冲突，怎么办？

案例呈现

"打起来了！打起来了！"一天下午，几位同学慌张地跑过来，边跑边这样向我喊道。我心里一惊，赶紧跟随报告的同学去走廊查看情况。只见贝贝和萌萌都满脸委屈，贝贝在走廊里哭泣着，萌萌则气得满脸通红。我先将两人带进办公室，让她们平复一下激动的情绪，随后，让她们分别讲述事情的经过。

原来，在那天的地理课上，老师安排贝贝分发还未批改的作业。这时，萌萌突然在课堂上大声喊道："真积极啊！真是优秀的地理课代表啊！"贝贝听到后，感觉萌萌话里有话，便盯着她。萌萌见状，立刻辩解道："我说什么了？老师，我又没说脏话，也没说什么不好的，我怎么了？"课堂上老师示意大家先认真听讲，有问题课后再解决。

然而，一下课，贝贝就立刻去找萌萌理论："上课的时候，你为什么要那样阴阳怪气？之前我还听到你说我的坏话了！而且你还让琦琦排挤我，今天我抱作业的时候，他还故意用桌子撞我！我和你有什么仇什么怨！"萌萌听后，满脸委屈地回应："哪有这回事？都是你自己瞎想的，根本没有的事！"两人你一言我一语，情绪越来越激动，最终控制不住大打出手。

我认真听完两人的诉说后，首先说道："同学在相处中产生矛盾是很正常的，但动手绝对不是解决问题的办法。"接着，我转过头对萌萌说："贝贝心思比较敏感，你在和同学交往时，一定要注意说话的方式和语气，多考虑一下对方的感受，有时候无心的话可能会伤害到别人。"萌萌听后，低下头，面露愧疚。我又对贝贝说："萌萌平时大大咧咧，可能说话没有经过太多思考，但据老师观察，她并不是故意针对你。以后别太轻易猜疑，有问题及时沟通。"两人听后，若有所思，也都表示自己存在一定的问题，以后会改进。看到她们诚恳的态度，我以为事情就此解决，便让她们先回去了。

可到了晚上，事情却进一步升级。双方家长分别给我打电话，情绪激动地说对方孩子要欺负自家孩子。贝贝妈妈说萌萌处处针对贝贝，甚至还说要找校外的同学打她；萌萌妈妈则说贝贝放话说要找初三的表姐来打萌萌，自家孩子的人身安全得不到保障。我向贝贝妈妈求证，她表示贝贝根本没有表姐。双方家长都要求老师第二天再深入调查，给个说法。

案例分析

在这个案例中，两位同学各执一词，彼此"怀疑"对方心存恶意，导致看对方不顺眼。学生缺乏有效的交往和沟通技巧，在冲动之下选择用暴力解决问题，这可能会造成严重后果。

从家庭环境来看，两个家庭都是多子女家庭，孩子获得的关爱相对较少。同时，家长工作繁忙，对孩子行为方式的引导不足。在这种情况下，家长单方面听信自己孩子的说法，情绪就变得非常激动，都认为自家孩子受到了威胁，想要讨个说法。这样的处理方式不仅无法真正帮助孩子消除矛盾，反而容易对孩子今后与他人的相处产生不良影响。如果任由家长这样处理，会破坏班级的和谐氛围，不利于学生之间的交往。

两位同学产生纠纷的主要原因是性格差异。贝贝同学猜疑心较重，心思敏感；萌萌同学则大大咧咧，说话有时不考虑他人感受。初中生正处于心理敏感时期，这种性格上的差异很容易引发相互猜忌，进而导致冲突。而且，两位同学都不知道如何正确处理这类问题，不懂得通过正当途径表达自己的看法，也不清楚与同学相处的边界在哪里。此外，家长在处理问题时也较为粗暴和冲动，这对解决两位同学之间的相处问题毫无帮助。

解决策略

1. 积极沟通，认识差异

我先让两个孩子坐下来，稳定情绪。随后，引导她们互相说出对对方做法不满意的地方。在她们倾诉和倾听的过程中，我仔细分析了她们面临的具体问题。我对贝贝说："你比较敏感，这能让你更细腻地感知周围，但有时过度猜疑会影响同学关系，以后遇到类似情况，先试着冷静问问对方。"又对萌萌说："你性格开朗是优点，但说话前要想想会不会让别人不舒服，多换位思考。"贝贝意识到自己不应过度猜疑，萌萌也表示以后会注意说话方式。

接着，我安抚双方家长的情绪："家长们先别着急，孩子们之间的矛盾并没有那么严重，我们一起努力解决。有问题让孩子如实和我们反映，别夸大。"在向家长说明情况后，我和家长共同商量解决办法。后来，两家人约在茶楼见面。见面后，两位同学主动交换了道歉信，诚恳地表达了自己的歉意和对对方的理解。双方家长看到两个孩子友好互动，问题妥善解决，十分感动。至此，同学和家长的心结都得以解开，问题得到了妥善处理。由此可见，沟通是解决问题的关键桥梁。

2. 认识多样，包容差异

考虑到初中孩子性格敏感，面对不同同学时容易因理解不同而相互猜疑，我决定开展一节以"认识差异"为主题的班会课。

班会上，我先向同学们介绍了 MBTI 性格测试，讲解道："世界上的性格多种多样，通过这个测试，大家能更了解自己和他人的性格特点。性格没有好坏之分，只是处理事情的方式不同。"接着，我详细阐述了性格外向和内向的人在面对同一件事情时的不同做法，比如面对新环境，外向的人可能积极主动地与人交流，而内向的人可能先观察再慢慢融入。我告诉同学们："我们看待事情的角度不同，结论也会不同。所以，要先理解他人的想法，再表达自己的观点，在与同学相处时，明确底线和边界，这样才能相处融洽。"

在班会课接近尾声时，我倡导同学们拥抱差异，求同存异，多发现他人的优点。我组织了小组活动，让同学们以小组为单位，用彩色纸写下身边同学的优点并进行夸赞。我特意将贝贝和萌萌分在一组，她们分享优点后，都惊讶地发现对方有很多闪光点。其他同学也在活动中增进了对彼此的了解，班级里形成了相互学习、共同进步的良好氛围。随后，我还组织了家长夸赞活动，家长们用写纸条的方式夸赞同学们。同学们收到纸条后，脸上洋溢着快乐和自信。通过这些活动，班级氛围更加和谐，同学们的自信心也得到了增强。

3. 面向积极，拥抱友善

在与学生交流的过程中，我发现初中阶段的学生在遇到不如意的事情时，容易产生一些不合理的想法，从负面角度评价自己和他人。为了解决这一普遍问题，我决定采用认知行为疗法。

在周五的班级总结中，我开展了"独白有力，善待自己"的主题活动。我对同学们说："同学们，很多时候我们的想法会影响我们的情绪和行为。当我们遇到不开心的事，比如试卷没发到自己手中，不要马上觉得是老师针对自己，可能是其他原因。我们要学会换个角度看问题。"我鼓励同学们遇到问题时，先给自己一些积极的心理暗示，尝试从更客观、积极的角度去理解事情。

通过这一系列活动，班级里的同学逐渐意识到，遇到问题要用更积极的方式沟通，做事前要多思考。同时，同学们发现了彼此的优点，增强了自信，掌握了人际交往的方法，班级的学习氛围更加浓厚，同学们的归属感也更强了。

案例反思

　　同学之间的相处受到家庭、成长环境等多种因素的影响，复杂且多样。不同的家庭背景和成长经历，使得同学们在为人处世方面存在巨大差异，这也是生生矛盾产生的根本原因。因此，帮助同学们发现这些差异，学会换位思考、将心比心，对于他们如何与他人和谐相处至关重要。当同学们明确了相处的边界，就能减少矛盾，让相处更加和谐。

　　在这个过程中，老师不仅要引导学生如何相处，还要引导家长在面对问题时保持冷静，相信老师的处理能力，避免冲动行事。家长的冲动处理方式不仅不利于解决同学之间的矛盾，还可能对同学关系产生负面影响。

　　在班级同学交往方面，我进行了一些大胆尝试，通过系列活动帮助同学们学会了如何与人相处，让他们在初中阶段收获了纯真而难忘的友谊。同学们沉浸在团结友爱的集体氛围中，相互学习，取长补短，这是他们走向成熟的重要一步。

（广东省深圳市布心中学　罗雯丹）

事件14：玩笑不当导致考前打架，怎么办？

案例呈现

英语口语考试前，学生们在候考室里候考，我看了一下后回到办公室，刚坐下就接到英语老师的电话："吴老师，小奕和小峰打起来了！不过还好没受伤，我安抚住他们，让他们先考试了，不要影响到期末。"

听完我火冒三丈，想着我前脚刚走，他们就惹事。考完试，我把两个学生叫过来了解情况。

小奕生气地说："开始我们几个人在玩，后来大家无缘无故把矛头转向我，一起欺负我，还有人很重地拍了我的头，我抓住小峰打了他。"

小峰委屈地说："我们几个玩着玩着，小奕突然就生气了，开始打人，我跑得慢，被他抓住踢了一脚，那是我……我……是他先打我的！"

我发现还有其他几个参与的学生，就把他们都叫过来了解情况。这几个学生给出的描述跟小峰差不多。

我本准备训斥打架的两个人，但想想要先冷静下来分析，因为根据我对他俩的了解，觉得平时爱玩的他们不至于轻易打起来，还有几个问题没有理清楚，不能就此"结案"。我想要知道更完整的事情经过，于是想了一个办法，将他们分开，然后让他们各自用纸笔写下整个经过。结果，我得到了不同当事人视角下别人看不到的细节，而正是这些细节导致了这件事情的发生。我复原了整个事件的经过，得到参与学生的认同。

一开始，小 A 在自己的位置上哼歌，小 B 看到了就喊上旁边几个同学一起去逗他，这时小奕带头乱摸小 A 的敏感部位，还对着大家说了一些有侮辱性的话。大家看到小奕自以为是的样子就想让他也尝尝滋味，因此一起转向了他。小峰拉住小奕的手，小 B 抱他的头，小 C 摸他。此时，前面并没有加入的小 D 看到大家在逗小奕，也参与进去，从背后拍了小奕的头。而小 D 这一不知轻重的一拍彻底激怒了小奕，小奕生气地站起来愤怒地挥起手，他们马上跑开，小峰跑得最慢被小奕抓住，小奕气愤地踢了小峰一脚。他不知刚好踢中小峰受过伤的位置，导致小峰很疼也很生气，于是两个人就打起来了。这就是整件事情的完整经过。当他们听到自己不知道的细节时，发现每个人都有不可推卸的责任，纷纷羞愧地低下了头。

案例分析

使我冷静下来思考并决定将他们分开写下事情经过的原因是，他们第一次跟我口述时的一些字眼和举动引起我的疑惑。例如：大家"无缘无故"转向小奕，游戏中小奕"突然生气"，小峰断断续续的话"那是我……我……"虽然小奕平时是比较爱玩的男生，但不像是这么容易生气当真的人，为何他中途突然生气？小峰平时跟男生们的关系很好，很包容，为何会气到跟小奕动手？还有，小峰一着急说话就有些结巴，这次是单纯因为紧张还是有什么话没有说完整？其他几个参与者边说经过边互相观望，是否又掩盖了什么？这些问题最终在他们的笔述中得到了解答。

小奕：第一，在他的两次描述中都出现了"无缘无故"这个词，用意是凸显自己的无辜，但事实并非如此，主要是因为他先带头逗别人和侮辱别人，事出皆有因。第二，他不是像大家口中说的突然生气了，而是大家围攻他一个人，而且小 D 从背后拍了他的头，惹怒了他，导致他动手反击。

小峰：他平时是一个比较温顺、遇到生气的事也很少发脾气的男生，而这次导致他不顾后果还手的原因是小奕无意却刚好踢到他腰上受过伤的地方，让他控制不住情绪。

小 D：他在纸上写的是"看到大家在逗小奕，我就只是去拍了一下他的头"。对于常打篮球的小 D 来说，他觉得不重的一下其实对别人来说已经极具伤害性，同时就是他的这一拍让小奕受不了了。

每个参与者都觉得自己没干什么，但雪崩时，没有一片雪花是无辜的，每个参与者都是事件的推动者。

刚开始知道他们打架时，我真的非常生气，一是因为在考试前，另一个是感觉他们专挑我走后惹事。作为老师，我们最讨厌也最害怕学生打架。当发生这样的事后，我们很容易被情绪控制，急于去训斥当事人而忽略事件中的一些细节。殊不知，这些被忽略的细节才是事件背后真正的原因。如果我们没有找到症结，只处理表面犯事的学生，那再多的教育工作都是表面功夫，其他事件推动者永远不知道自己也有责任，也就无法从根本上解决问题，类似的事故就会继续发生。

解决策略

面对初中生之间出现的矛盾冲突，教师要特别谨慎，处理不当可能会使矛盾激化。面对这个看似简单的日常冲突，处理不好可能严重影响班级风气，同学之间的关系也会因为缺乏底线和克制而变得不可调和。

1. 以静制动，控制事态发展

在事情发生时，因为没有人员受伤，加之有期末英语口语考试，英语老师先简单安抚学生，告诉他们先好好考试，考完试把事情交给班主任处理，及时制止不良后果。这个客观时间点，刚好给了他们平复情绪的时间。类似事件在其他时间点发生之后，对于初中生而言，教师也最好设法让双方离开现场，并且彼此短暂"隔离"，适当冷处理，等双方情绪平复后再与其交谈。

2. 抽丝剥茧，引导还原事情经过

先让参与的学生当面陈述事情经过，再将每个人分开，单独写下事情的经过。因为学生在进行口述时，总会因为一些外在因素（像面对老师很紧

张或其他同学在场）而不能完整、大胆地表达自己所看到的、所感受到的一切。先口述是方便我快速了解事情的大致经过，笔述则是帮我更好地还原事情的真实经过，看到每个人的行为动因。当我整合好信息之后，在参与的七位同学面前，将整件事情经过完整地描述一遍，每个人看到自己不知道的那一面，他们才能更好地去理解究竟是自己哪个行为刺激到别人，让别人感到不适，以及别人生气动手的原因。

3. 引导内省，化干戈为玉帛

其实，在他们考完试后来到我的办公室时，他们几个已经基本和好，但老师必须强调要杜绝打架行为。那如何有效避免类似事情再次发生呢？一定是要找到根本原因。学生在日常交往中避免不了摩擦，在一些矛盾发生后的调解中，我经常会听到学生这样说："我都不知道他为什么会这么生气，至于吗？"其实，每一段关系的疏远或激化绝不是一个举动、一个事件导致的，而是长期积累达到一个峰值，一个双方都无法继续承受的峰值，最终发生极端行为或导致关系破裂。在相处中，你无意中的某句话、某个行为，却可能刚好戳中别人的痛点，所以我们需要沟通，在发生矛盾或分歧的时候要进行有效沟通，听听对方的感受。

如何引导学生在交往中遇到矛盾时多沟通、多理解呢？我通过班会，征得这几位同学的同意，将他们前后两次的描述内容讲给全班同学听，让大家一起分析每个人行为背后的原因。出乎意料，学生们说出了要点。同时，我还让学生们发言说说当我们再次遇到类似事情时应当如何处理，他们都归纳出重点：沟通，理解。最后，我让那几位同学进行总结，分享他们从这一事件中学到的道理。

案例反思

学生之间发生的冲突如若涉及多人，让他们单独写下事情的经过不失为一个好办法，因为这样可以很好地让学生从当事人的视角说出自己的行为动因，更好地还原整个事件的经过。学生不管是在口述还是笔述中，都有一个明显的特点，就是都会有选择性地规避对自己不利的部分。原因很简单，就是想让自己成为被同情的那一方，从而少一点责罚。作为教师，在处理问题的时候，绝对不能单凭以往的经验或对某个学生以往的评价作出主观的判断，而是要跳出框架，完整复盘整个事情的经过，多方位全面了解事情背后的原因，才能作出最合理、最有效的处理。

经过这件事后，班级里若有学生闹矛盾，我便会挑一些合适的放到班会课上讲，让学生们一起分析背后可能的原因，逐步培养他们遇事多理性分析、多站在别人的角度去看问题的意识，及时化解不必要的矛盾，营造和谐的人际关系。

[广东省深圳市南山外国语学校（集团）第二实验学校　吴超]

第三章

家校冲突

家校关系包含个别家长与教师、家长群体与教师、家长群体与学校三类关系。前两类关系在班级管理和教育中体现得最为充分。家校冲突多表现为教师与家长个体的冲突、教师与家长群体的冲突。从教师角度看家长问题，多表现为：（1）家长出于自私、想要自家孩子占到更多便宜而经常提出一些"无理"要求；（2）家长盲目自信，不信任班级及学校，不理解教师和学校的要求；（3）家长只关心孩子的学习成绩及考试排名，对集体活动不感兴趣甚至排斥。也有一部分表面上的家校冲突，实质上是家长间矛盾的转移。这类冲突在线上家长群中较为常见，诸如经常出现家长群中的"不和谐音"。家长与教师之间的冲突，相当一部分是学生间矛盾的外溢和延展。这类矛盾需要教师区分主次、分清枝干，把矛盾的家校转化为合作的同仁，协力开展学生工作。

　　理解和解决家校冲突，首先，要把家长视为与教师一样的教育者，明确"都是为学生好"的共同目标；其次，要给家长留足"面子"，对家长始终保持最高等级的热情；再次，要把家长视为拥有教师所不具备、学生成长中不可或缺的特殊影响力的教育者，让其"里子"也在班级活动中得到充分展现；最后，要像建设班集体一样，把家长集体组织起来，深度发挥家委会的协同教育功能。

事件1：小摩擦引发家长大矛盾，怎么办？

案例呈现

一个学期即将过去，一直和谐的班级微信群突然掀起了一场风波。一天放学后，班级微信群里，林林爸爸@西西爸妈："今天放学你家孩子在校门口抢了我家孩子的书，还打了我家孩子，我去找他把书要回来，并问为什么抢东西还打人，西西要打电话报警，还不停地用脏话骂人，令人气愤，你们回家了解下。"西西爸爸很客气地回复："对不起，林林爸爸，我为孩子的行为向您道歉，我回去狠狠教育他，实在不好意思。"事情过去了20分钟，西西妈妈很不服气地在群里质问老师为什么没有及时处理此事，还扬言找林林爸爸算账，说孩子受到了威胁，绝不就此罢休。

我及时在群里发信息劝阻并说明将打电话私下沟通了解，但无济于事。两位家长还是互相争吵，言语间"火药味"比较浓。为了先稳住事态，我请西西爸爸稳住西西妈妈，并立即打电话给林林爸爸，了解情况。林林爸爸因为教师及时介入，克制情绪，没有继续在群里与西西妈妈理论。

案例分析

这是一个由学生冲突引发了家长冲突的案例。爱子心切的家长在单方面听了自家孩子反馈的情况后，站在保护各自孩子的角度去思考问题。正在气头上的两位家长言语间充满了火药味，不顾班级群里其他家长的看法，让事情变得复杂，造成了不良的影响。具体分析如下：

微信群是当代班级建设的一个重要工具，是家校沟通的重要桥梁。在班级微信群里发通知，进行家校交流，省力省时，但也存在一定的弊端。有些家长没有意识到班级微信群是一个公共场合，说话带着情绪，不考虑后果和影响。人是情感动物，线下面对面地交流，可以直接地感受到对方的情绪，理解交流的意思，交流的过程是真实的、可见的。案例中的两位家长就是在微信群中没有很好地克制自己，把微信群变成了战场。作为教师，遇到这样的事情，我们首先要及时消灭"战火"。

本是学生间的日常小冲突，因为家长的一番"神操作"，事情变得复杂起来。两位家长都觉得自己是"受害者"。林林爸爸觉得自己的孩子受欺负了，要保护孩子，提醒西西父母管教西西。西西父母的态度不同：西西爸爸回复很客气，就事论事地回应处理方式；西西妈妈却认为林林爸爸这种说法不妥，并责怪老师没有及时处理好事情，在群里的一番言论无疑是"火上浇油"，让矛盾升级。

如果这一问题得不到很好的解决，不仅会让家长之间矛盾升级，还因为在班级微信群这个公共领域里"发泄"情绪，影响班级整体舆论，影响班风，影响班级正向发展。作为教师，我们如何快速地给事件"降温"，降低事件的负面影响呢？引导班级正向舆论，建设和谐的班集体，解开家长心结，是当下亟须解决的问题。教师还要有能力说服家长，让家长认识到自身育儿观有问题，并自觉改正，同时，引导孩子正确看待问题、处理问题。

解决策略

遇到此类事件，教师一定要冷静梳理、具体分析，厘清矛盾点，然后一环一环地把事情解开，分析问题根源，追寻事情真相，合理地引导。

1. 及时沟通，平息冲突

作为教师，我们首先要制止事件升温恶化。及时与家长电话沟通，面对林林爸爸进行理性沟通，面对西西妈妈给予共情性安抚，分别平息家长的情绪，确保家长不在群里"互撕"，避免冲突升温。面对家长的质疑，向家长表明态度，重视此事件，会妥善处理此事，给其吃颗定心丸，并明确说明在微信群里"互撕"的不良影响。

在家长们各执一词，都只能听到自己孩子说的一面之词，认为对方是过错方、自己是受害方的时候，我在沟通过程中，先共情家长的情绪，获得家长的信任，为后续解决问题留有余地。

2. 查明真相，坦诚交流

要全面了解事情的真相，我需要与当事人以及目击者面对面对话。当面询问放学带队老师、门卫员以及当事学生，深究细节，核对信息，查明真相。"我想看书，他不给，我就抢了，他爸爸很凶，我要打电话报警抓他。"西西的话语让事情真相大白。显然，这个孩子缺乏礼貌交流，不懂得怎样跟同学沟通借书，人际交往能力需要进一步提升。我抓住契机引导西西学会如何有礼貌地跟同学交往。

西西妈妈对此事的反应如此激烈是源于西西片面的反馈，也源于妈妈护子心切。林林爸爸在群里直接责备，无疑把心高气傲的西西妈妈激怒了。

3. 直面问题，协调和解

首先，约谈双方家长，正面沟通，还原事件。在了解事情原委并解决了孩子的问题之后，我约谈了两位家长，与两位家长一起当面还原事情真相。林林爸爸意识到自己的冲动，西西妈妈在了解了事情之后，也意识到自己冲动发怒造成了不好的影响。于是，他们各自道歉。我再次引导他们理性分析问题，让他们认识到对整件事情的处理至关重要，随后家长握手言和。事后，我单独留下西西妈妈，与之探讨孩子行为背后的原因，教了她一些引导孩子与人交往的方法。

其次，善于把"危机"变为"契机"，深剖原因，正面引导。两位家长的和解意味着这件事圆满结束了，但孩子如何学会正确交往，如何处理同学间的矛盾，还需要进一步引导。因此，针对此事件，我在班级开展了"如果我是当事人"讨论会，借此教导孩子在与同学发生矛盾时如何客观真实地向家长、教师反映，如何正确处理矛盾。家长会上，我分析了学生的年段特点，分析了在校集体生活与家庭生活的区别，分析了家长与老师的区别，引导家长正确看待问题，遇到事情时不在群里"互撕"，要先私底下跟老师反馈，多方面了解，尽可能妥善地解决问题，为孩子树立正确的榜样。

同时，为了避免这类事情再次发生，我与家委会探讨了班级微信群的管理制度，明确了班级群的功能，以及家长的职责。在关键时刻，家长不能都是看客，要有协助处理事情的意识。我还在家长会上征集家长们的意见，达成维护班级群、维护班级发展的共识。为了更好地促进班级发展，我们还约定定期召开家长交流会，加强线上线下融合的家校沟通，促进班级和谐发展。

案例反思

教师必须管理好班级微信群，而这绝不仅仅是制定一个详细的群规就可以解决的，有些事可以通过微信群布置完成，省时省力，但有些事是不行的，比如心灵的交流，就不适合线上交流。大家看到的文字都是一样的，但情感是不一样的。因此，作为教师，我们需要把线上的省时省力和线下的费时费力巧妙结合起来，更有效地促进家校沟通。

（广东省深圳实验光明学校　林小燕）

事件 2：片面信息引发家长质疑，怎么办？

期末考试那天中午，我收到婷婷爸爸发来的信息："老师好！听孩子回来说有些同学说她考试作弊，而且还煽动其他同学欺负人！孩子回来一直哭，很委屈，说没脸见人，下午不去参加考试了……请老师让那个孩子不要再乱说什么了，万一引起什么后果，大家都不希望看到！现在的孩子自尊心强，我怕出现什么极端情况！这种小团伙风气不能滋生。哈哈，小小提议，还望老师见谅！"

婷婷爸爸所反映的情况发生在五年级上学期期末上午第一科考试结束后。其实当时有同学反映后，我私下找两位当事人了解情况，发现是个误会，因为马上要考第二科，就没多说，让她们先专心考试。收到婷婷爸爸的信息后，我再次去教室了解原委，发现事情并没有家长所说的那么严重，也同时提醒同学说话注意分寸。再次和婷婷爸爸沟通后，婷婷下午也照常返校考试了。

这本是一件平常小事，我也自认为已经解决好了。没想到当晚十点左右，我又收到了冰冰妈妈的信息："老师，您休息了吗？我想和您沟通一下我家女儿说婷婷作弊的事情。不知道您怎么看，反正孩子回来后很是委屈。您说她冤枉婷婷同学，我却不这么认为。但是，我仍然告诉她是她错了：第一，如果因为作弊，婷婷同学被处分或被批评之类，她的心里会感到愧疚；

第二，人都会同情弱者，使真理被蒙蔽，即使是对的，也会被同学误解；第三，就像在公交车上遇到偷盗者，你如果揭发，可能会受到攻击、受到伤害，因此首先想到保护自己，不要站出来，即使你是对的；第四，大家不喜欢直来直去的人，要学会给别人留有余地，低调做人。尽管这个社会有太多的正义和真理需要更多的人去维护和伸张，但我选择让我的孩子改变理念，学会忽视，慢慢了解和适应这个社会。太多的事情会让她成长起来。其实，与您的观点也是不谋而合的，最起码给婷婷留有余地，衡量得失之后选择冰冰冤枉她的说法。此外，据我了解，我家孩子考完试只说给婷婷同学听了，您是如何知晓的？"

读完冰冰妈妈"慷慨激昂"的陈词，我哭笑不得。读两位家长的留言，大家脑海里呈现的该是一个怎样的教师呀？这又该是一个怎样的班级呀？两位家长，前者对班级拉帮结派的判断和后者对教师偏袒婷婷的判断，依据来自哪里？事实到底是怎样的？作为教师，我了解到的却是第三个版本：

上午第一科考试中，冰冰发现婷婷低头看抽屉里的试卷，下课后就说发现婷婷抄袭，旁边的同学听见了，就来告诉了我。我当即找来当事人，了解到婷婷确实有想看试卷的动机，但试卷上并无原题，冰冰也证实只是看到婷婷低头看抽屉，并未真正拿出试卷。眼看马上就要考下一科了，我当时肯定了冰冰说话实事求是，同时表达相信婷婷并未抄袭，只是交代婷婷将抽屉清理干净，以免引起误会。然后，两人就心平气和地去考试了。没想到婷婷回家后却对家长那样说。收到婷婷家长的信息后，我当即回复说，自己所了解的情况似乎没这么严重，但会立即再核实，务必让孩子下午按时返校参加考试。中午去教室向在校午托的学生了解情况，部分学生说确实听说了，但因为都知道试卷上没原题，都忙自己的考试，也没有在意。我于是单独找来冰冰，告诉她婷婷中午回家哭诉不想返校的事，提醒冰冰以后遇到类似事情要注意说话方式和分寸，以免造成不必要的伤害。没想到冰冰把这次谈话当作对她的批评。

案例分析

综合三个版本，我们不难发现，三方信息大相径庭。两位家长发给我的信息都充满了"火药味"，同时也可以看出家长对孩子回家的反馈都选择百分百相信，没有想到向教师核实，就直接作出判断：或是班风不正，或是教师处理问题不公，并据此提出自己的诉求。

日常生活中，家校之间的矛盾很多源于双方信息不对等，就像这个案例。而造成双方信息不对等的人，很多时候是学生。从学生角度而言，或许她们只是无意间隐瞒了部分事实经过，没想到因此给家长和教师带来一触即发的矛盾冲突。如何理解她们的这种行为？作为教师，我们需要研究学生的心理。

婷婷：敏感、要强，因学习基础薄弱，更在意别人对自己的态度，因此感觉委屈、丢人。冰冰：自认为发现了婷婷动机不纯，自己指出来没有错，而老师没有立即批评"犯错者"，反而提醒她说话注意分寸，没有确凿证据别乱说，认为老师袒护对方。

作为十一二岁的孩子，她们站在自己的立场上有以上感受是可以理解的。而双方家长，在不知内情的情况下，从孩子回家的表现和描述中感觉孩子在学校受了欺负，没有得到公正对待，心生不满，也情有可原。

读到家长的不实判断和无端质问的信息，我的第一感觉也是极不舒服。尤其是冰冰妈妈的信息，发的时间晚，还一连串自我揣度。如果仅仅站在自己的立场上，我会感到委屈、气愤，甚至认为家长"无理取闹"。可我冷静想想：家长也是因为孩子回去情绪不好，加上孩子反馈的信息片面。如果家长知道事情真相，或许就不会这样讲了。两位家长都能把真实的情绪和想法表达出来，给了我后续解决问题、澄清误会的机会。对于两位家长的信息反馈，我均在第一时间采用了迂回、弹性的处理方式，有效避免了一场一触即发的正面冲突。

1. 积极回应，还原事情真相

我对两位家长的信息，回复方式有所不同，但都努力避免"危情升级"。对于婷婷爸爸中午的信息，我及时回复，表示会再次调查并将结果反馈给家长和孩子本人，同时对婷婷提出到校要求。回复及时、要求明确、态度和善，既表达出了对家长和孩子反映问题的重视与关切，又及时纠偏，打消了婷婷及家长的顾虑。这种同理式应对，及时给家长回应，避免了后续可能持续发酵的不良后果（比如婷婷不返校）。

面对冰冰妈妈充满质问甚至攻击性的信息，我则采用了迂回的方式还原事情真相。我斟酌再三，回复信息时首先感谢她的及时反馈，并告诉她这件事我白天已经处理了，中午也收到了婷婷爸爸发的信息，并转发给她，请她看看；接着简要介绍收到婷婷爸爸信息后我的处理过程，只是委婉提醒注意方式，并没有批评。可能是孩子觉得委屈，回家反馈的信息不太全面，希望她第二天早上等孩子醒来再具体了解一下，也可以向邻居同班的李同学了解我下午的处理情况；最后告诉她第二天再联系，今晚都先休息。

事实证明，如此处理既有针对性也有弹性，跳出家长质问，直接回应事实，借用对方家长的信息补充冰冰家长的信息源，让家长多方了解后再谈，做到了有礼有节，不回避矛盾，也没被家长的情绪左右。同时，交代第二天再联系，避免了双方都带着情绪一来二去发信息，因为表达问题，增加更多误解。家长也因此多了"消化"事件和消融自己情绪的时间，便于冷静、理性地审视问题。

冰冰妈妈次日清晨给我留言，说读了婷婷家长的信息后很吃惊，也为昨天自己的鲁莽行为深表歉意，没想到老师在后面做了那么多工作。早上她就这事又和孩子重新进行了沟通，孩子也认识到了自己的问题。她还问是否有必要带着孩子亲自向婷婷家长道歉。冰冰妈妈态度的转变，应该与我迂回解决并为她提供新的事实判断的机会有关。

2. 善用"契机"，发现深层问题

单就"考试风波"这件事，处理至此已算圆满。但我从双方家长的前后态度也看到了班级家校沟通工作还需要进一步加强：这件事发生时，我认为事情不大，针对学生已经作了妥善处理，没有及时与家长沟通。没想到孩子反馈的单方面信息让家长都误以为真。看来家长还是不够了解班级及教师，后续要创造机会增进了解。

我通过家长会，借用其他同类型案例向家长阐明应该理性对待孩子回家反馈的学校信息，有疑问一定要第一时间和教师确认核实，家长切忌直接就孩子反馈的单方面信息私下"互撕"或追责。

后来，我又邀请两位家长参加班级学生主导的"感恩"主题班会，有意安排婷婷讲述自己得到的同学的各种鼓励和帮助，让婷婷爸爸感受到整个班级的正气与温暖，他也感觉到自己在教育孩子方面的不足，主动克服娇宠。同时，通过班级公众号等公共平台即时发布班级活动动态，开展班级亲子活动，增进家长和孩子间的了解，进一步营造家校共育的和谐氛围。

案例反思

在工作中，家长与教师之间造成的误会，很多时候是因为信息不对等、沟通不畅。教师要重视平常工作中家校沟通常态化、班级事务透明化，促进家长更全面地了解班级人际氛围及教师为人处世的方式。搭建平台，让家长多走进教室，走近班级学生，不仅了解自己孩子的在校情况，也了解整个班级及其他孩子的情况。

遇到这类应急性问题，教师要保持冷静，理性对待来自家长的"冒犯"，变"危"为"机"；端正心态，积极寻找推动家校有效沟通的积极因素，因势利导；善于反思，及时改进自己的工作方式，以自己独特的人格魅力和学识魅力赢得家长的信任与支持。

[广东省深圳市南山外国语学校（集团）第二实验学校　李世勇]

事件3：家长在微信群里直接表达不满，怎么办？

"哇，老师，你把教室布置得太温馨了吧，难怪孩子们那么喜欢我们班！""老师，你真的好用心啊，还给我们准备了餐食，好贴心啊！"家长们一来到班级，对我的精心布置和考虑周到连连称赞，他们的脸上露出感动万分的笑容。

这还要从四年级上学期的那场家长会说起。家长会召开时间太紧迫，考虑到很多上班族的家长一下班就要来开家长会，可能没有时间吃晚饭，我就让家委准备了一些水、牛奶和面包。为了方便大家携带未吃完的食物，我给大家准备了礼品袋。家长会召开当天，我带着孩子们在黑板上书写"欢迎家长们"。一部分家长则开始分装餐食，还有一部分进行班级大扫除……一切准备工作进行得井然有序。这不，就有了开头那一幕。家长们对于我的安排纷纷竖起大拇指。有家长立即对教室的布置进行了拍照，并发到了班级微信群里。在微信群里，有的家长说："恨不得现在就立即赶到班级。"有的家长说："我真想回到小时候，重新当一名学生……"

"我觉得家长会没有必要购买礼品袋，我是来开家长会的，又不是来出席重要的活动，按照这样的安排，那是不是可以直接给大家把纸和笔都准备好呢？几块钱一个礼品袋，有必要这样浪费吗？"突然，小志妈妈的一段话，打破了微信群里的一片和谐。一时间，微信群里炸开了锅。大部分家长是支持我的，但也有少部分家长选择沉默。微信群讨论的风向发生了微妙的变化。

家长会马上就要开始了。微信群"激战"的形式不允许我作出任何解释。因此，我只好借家长会当面和家长们进行沟通。我先是向帮忙筹备的家委表示感谢。然后，我向家长们说明了我的初衷是关心和体贴家长们。考虑到方便携带和美观整洁，购买礼品袋是一个比较合理的选择。但由于时间紧迫，来不及在网上购买更加便宜的礼品袋，也没来得及和大家进行说明，希望家长们理解！同时，我向家长们承诺，班费的使用也将更加规范，做到费用公开化、用途精细化。

家长会结束后，我又找到小志妈妈进行了沟通。小志妈妈先入为主地说："老师，我对你没啥意见，只是看到这样铺张浪费班费心有不悦，我性子直，所以就直接在群里说了，也没考虑到你的感受。"我回应道："没事，班级是我们共同的家，有任何情况，您都可以私底下直接跟我沟通，但是也希望您能够考虑到对班级的整体影响。"小志妈妈表示理解。这次的风波也算是平息了。

案例分析

仔细分析这场风波，我们不难看出，微信群里分成了两派：一派是支持和理解的家长，另一派则是质疑的家长。为什么会出现这样的情况呢？因为老师日常并不得民心吗？不是，是因为所站的角度不同。

日常生活中，由于个人所站的角度不同，发生冲突是在所难免的。就像这个案例，小志妈妈和那一部分质疑的家长站在了"乱花钱"的这一角度。自然，在坐实了"乱花钱"这一事实后，便不会仔细分析这背后的隐情，而老师没有及时解释，更加坚定了他们的观点，从而导致家长和教师之间的这场冲突。

从质疑的家长一方来看，班费有浪费，使用不合理。这一部分家长对于家委的开销不清楚或是不赞同。他们或许只是想要表达一个未被满足的诉求，比如我们希望节约用钱，减少不必要的开支。虽然这样的诉求内容合理，但方式却不合情。作为教师，我必须向家长清晰地解释班级经费的支出以及作出更加让人信服的承诺。否则，类似的冲突事件会永无休止。

冲突发生时，双方都不会独善其身。这次风波，我还应该看到为我受委屈的家长和家委。用心用情的家委和老师一起筹备家长会，却招致如此不满。另一部分支持老师的家长也受到打击，心里肯定很难受。此时，老师的态度尤为重要。是委曲求全还是不卑不亢地挽救局面？这决定着我在家长们心中的威信，决定着班级未来的走向。

在这件事初发生时，我气愤难当，委屈难平，一心为家长们考虑，结果好似热脸贴了冷屁股。能直接撑吗？不能，如果直接回撑，事情不仅没有得到解决，反倒会激化矛盾，还可能为下一次矛盾的爆发埋下隐患。幸好，家长会快开始了，我利用家长会进行了当面沟通，在冲突爆发的第一时间进行处理，才及时化解了这一场冲突。

解决策略

1. 直面冲突，不卑不亢巧化解

冲突发生时，我对整个事情进行了快速分析。对于小志妈妈咄咄逼人的态度，我首先冷静下来，并做到理智对待。在考虑到整个冲突的主体后，我首先向参与此次家长会筹备的家委们表示感谢，一方面表明自身态度，另一方面也要安慰支持我的家长和家委们。顺势而下，我立即向家长们说明了安排购买礼品袋的缘由，一来是为家长们考虑，二来是因为时间紧迫，没有及时向家长们解释缘由，向大家表示歉意。最后，我向家长们作出承诺，今后家委的开销将做到及时公布和说明。整个过程，做到了与家长们共情，充分理解了家长们的需求，我不卑不亢的态度也给质疑的家长们吃下了一颗"定心丸"。

2. 私下谈心，有条有理作示范

公开的解释就足够了吗？不够。解决冲突就要找到冲突的导火索。小志妈妈的言论就是这场家校冲突的导火索。因此，在班级中的整体沟通是完全不够的。家长会后，我和小志妈妈单独进行了沟通和交流。小志妈妈表示这件事不是针对我，只是看不惯班费浪费，她现在疑虑已经消除了。但看得出，她的脸依然黑如炭灰。于是，我选择先倾听她的想法。小志妈妈向我诉说时，我微笑地看着她，认真地倾听，时不时点头以示回应。等到小志妈妈说完后，我再向她解释我的想法。首先，对于她说的，我表示完全理解和赞同。然后，向她开诚布公地说，每一件事都可以像我们现在这样静下心来，好好沟通，没有必要占用微信群这一公共资源。再加上这样的言语表面上不是针对老师，但还是和老师脱不了干系，老师也很受伤。通过倾听、沟通、寄语，小志妈妈心里最后的怨气已经消散。事实证明，冲突发生时，待双方情绪平复后再进行有技巧的沟通和交流是正确的选择。当我有条不紊地和小志妈妈进行沟通的时候，无疑也给她作了一个示范。

3. 冲突借力，深化内省除芥蒂

这场家校冲突的解决算是比较圆满的。这件事情之后，我们班级的微信群也恢复了往日的和谐。当冲突发生时，只有站在对方的角度去面对问题，处理问题，才能相互理解。因此，引导家长参与班级事务，及时了解集体，了解教师，可有效减少冲突。

为了让更多家长了解和参与班级事务，我在班上成立了学习小组，小组长帮忙发布重要的班级消息和筹划班级小组亲子活动。我让小志妈妈担任组长，充分参与班级事务，让她亲身感受到每一项班级事务的复杂和开展的艰难。对于小志妈妈遇到的任何问题，我也及时和她尽心沟通。

对于家委，我也进行了及时沟通，就班费支出一项我们进行了商议。家委共同制定出班级经费支出管理办法。我邀请小志妈妈加入家委会。小志妈妈也逐渐理解了班级事务开展的不易。积极地工作，也让家委们和小志妈妈熟悉起来，大家心中的芥蒂逐渐消失。

班级微信群里的语言冲突是一种常见的冲突形式。一方面，冰冷的文字可能会被赋予感情色彩；另一方面，微信群聊也可能成为人们泄愤的方式。小志家长的案例就是典型的一种"泄愤"。那么，遇到这样的事情，教师该怎样处理呢？

对于这次冲突，我采用开门见山直接解决和层层递进稳妥沟通的方式，既让家长看到我的真诚，也让家长看到我面对突发情况时的冷静和智慧。面对家长群体中的不同声音，教师要杜绝先入为主的对立心态，要学会从这些不同的声音中发现其反映的深层本质。

（广东省深圳市南油小学　杨秘）

事件 4：家长袒护惹事"小霸王"，怎么办？

"老师，老师，小朱又打人啦！"班长气喘吁吁地跑到办公室对我喊道。我刚从德育处回来，正是去解决上周他课间招惹了教室对面一年级某班某同学的事情。人家家长不依不饶，不接受道歉，还向德育处反映他以大欺小，让一年级小朋友产生了"上学恐惧症"。一听这话，我实在气不打一处来。接手这个二（3）班不到两个月，各种问题一箩筐，小朱更是无处不在。他是这个班里最爱打架的孩子，同学们都不喜欢和他玩，因为他全身散发着攻击性，和同学们相处时总是用武力解决问题，课堂上用同学的文具总是直接拿，从不询问同学意见。同学不乐意，他就动手动脚抢，甚至会出手打同学，同学和家长多次投诉小朱……我压住心中怒火，立刻起身往教室走。

一进教室，只见小朱扯着小白的衣领，眼睛瞪得滚圆，一副要吃人的模样，而小白，显然是占下风的那个，一张小脸已经哭得通红，但也不愿认输，似乎要使出全身力气掰开小朱的手。而这个时候，班级乱糟糟的，纪律委员在一旁大声喊着别打了，其他的孩子有的在起哄，有的则被这阵仗吓得有点不知所措。看到我进来，小白显然是像看到救星一般，顿时瘫倒在地上，放声大哭起来。而小朱，在对方停下来后，竟然又趁机给了对方一拳头。我实在忍无可忍……

我把两个当事人带到办公室，经询问得知，今天冲突的起因是小朱为了抢一架纸飞机狠狠地咬了小白一口，询问时他还不时狡辩。看来之前和小朱妈妈沟通效果一般，我这次决定找他爸爸谈谈。

当天晚上，我向小朱爸爸直接反映了情况。小朱爸爸的态度冷淡，认为小孩子之间起冲突很正常，觉得男孩子从小就不能认怂。显然，小朱爸爸也没意识到自己孩子的问题。

另一边，小白的家长则一定要讨个说法。他们认为小朱在班级里不是第一次动手，这是班级霸凌，如果老师不妥善处理，他们会求助于校级领导以及媒体。

面对这样的突发事件，我有点儿心力交瘁，一时不知道该如何处理。

案例分析

我接的这个班在一年级就换了两个班主任，在入学最关键的第一年，班级里没有形成良好的集体向心力。另外，孩子们也没有形成良好的校园学习和生活习惯，如同放羊一般，所以我接手的时候，问题就非常多。

具体表现为班级常规乱糟糟：课堂纪律差，上课的时候，孩子们一会儿喝水，一会儿和同桌讲话，丝毫没有课堂规矩；作业不按时完成，其他科任老师经常投诉；课间追逐打闹，时常发生打架事件。这不，我课间坐下来喝口水的功夫，那头又打了起来。刚接手的这一个月，我每天忙着当救火队员，疲惫不堪，计划中的工作总是难以推进，同时也感到家长向心力不够……

班级里爱动武的小朱是家中的"小皇帝"，家庭教育存在偏差。经过和孩子父母详谈，得知小朱家重男轻女思想严重，小朱是家中唯一的儿子，两个姐姐都是让着他，玩具他要挑最好的，稍有不满意就发脾气，家里以他为中心。小朱爸爸文化水平不高，但有一套自己的"育子之道"，他认为男孩子将来要闯天下，可以霸道任性，也认为孩子之间打打闹闹很正常。当老师和小朱爸爸反映情况时，他不耐烦地打断了老师的话，并抛出自己的言论，丝毫没有意识到自己孩子的错误。

接手这样一个班级，教师心态平和很重要，但当下我也被这现状影响，处理问题显得急躁和焦虑。在和小朱爸爸反映情况时言辞不够婉转，开门见山就投诉小朱的不良表现，小朱爸爸也因此觉得没有面子，直接表现为抗拒与我沟通。

解决策略

1. 缓急轻重先治标

与小朱爸爸的第一次沟通不畅，让我陷入了深深的反思。我意识到，小朱爸爸是这场教育博弈里的关键，如果能让小朱爸爸和我站在同一阵线，那么眼下小朱和小白的冲突带来的班级危机就迎刃而解了。痛定思痛，我决定不打无准备之战。

我先观察小朱的一举一动。这个孩子，确实是脾气急躁，情绪极易被点燃，但小朱也并非完全不讲道理，很多举动的初衷并无恶意，但却总在沟通的过程中引发误会并且爆发情绪。比如前文提到的他招惹了一年级孩子，让人家不敢上学。在我对班级同学进行调查后得知，小朱是因为看到那个孩子摘了小操场的花，他就去大声吼了人家，还每天课间去一年级门口盯着这个孩子。小朱黑黑壮壮的，一下就把那个孩子吓坏了。我找准时机，在午托时间吃完饭后假装不经意地和小朱聊天，从他的口中知道了他的很多爱好特长。比如他会打"朱家拳"，那是广东南拳的一个分支，他很骄傲地告诉我，朱家拳就是他们朱家人的拳，他爸爸打拳更厉害呢！听到这儿，我似乎找到了这孩子成长轨迹的一些线索……

当天晚上，我再次拨通小朱爸爸的电话。这一次，我们从小朱身上的闪光点谈到中国武术，从朱家拳再谈到武术精神……小朱爸爸的谈吐豪爽大气，虽有些粗俗，但颇有习武人士的气质。说到对小朱的期望，他希望小朱将来能顶天立地，保家卫国，我立刻接上话题："是的，保家卫国好男儿，我们要好好引导他树立责任意识，对自己的言行负责，严格遵守纪律。"电话那头小朱爸爸停顿了一下，似乎听明白了我的话……

隔天，我正在办公室改作业。小朱爸爸来了，进门就直奔主题："老师，我是带小朱来给同学道歉的……"

2. 班级建设再治本

一场由小朱带来的班级危机在家长的配合下悄悄化解，但班级存在的乱糟糟的现象依旧没有改观。

很快，班级迎来了学校安排的升旗轮值活动。轮值的班级除了负责好当周的升旗仪式，还需要准备班级的国旗下展示活动。我想，这应该是一个形成班级凝聚力的契机。想到小朱爸爸擅长朱家拳，我萌生了让小朱爸爸组织教班级孩子打一套拳的想法。与小朱爸爸沟通后，他很爽快就答应了。我们约好利用下午晚托时间来训练。小朱爸爸非常认真、严格，一招一式，有板有眼。孩子们在短短两周的训练里学会了简单的拳法。有趣的是，孩子们的纪律也在悄悄变化……尤其是小朱，课间的时候再也没有疯跑，而是学着小朱爸爸的样子教同学们打拳。

最后的班级展示活动非常成功。孩子们在太阳底下流着汗，喊着口号，扎着马步，一拳一腿，十分精神，赢得了全校同学的热烈掌声。回到班级，孩子们激动地讨论着他们的心情。

接下来班级管理计划的实施水到渠成，小组管理，责任细化，人人有事做，事事有人做，班级风气在慢慢转变。

3. 家校协同促发展

这件事给我带来深刻的思考。可以说，班级风波的源头是家长，班级的进步也源于家长。可见，"家庭教育是学校教育的支柱和基础"这句话确实是真知灼见。这让我意识到，如果能更好地利用家长力量开展班级活动，进行家校协同教育，那么班级的成长一定是事半功倍的。

接下来，我借助学校的常规活动，开展了一系列的班级共育活动，如班级足球队、班级悦读计划、班级小花园等。每一项活动开展时，我都提前发动家长，获得家长支持后共同实施，活动结束也及时将情况反馈到家长群中。几次活动下来，不仅拉近了家长与班级和老师的距离，而且营造积极向上的家校协同氛围。虽然班级还有不少待改进的问题，但我和家长们都坚信，未来一定很美好。

当前，受生育、轮岗等因素影响，更换教师在各地各校应该是避免不了的问题。接手新班级，教师需要有清盘的意识，将从前所带班级形成的定向思维推倒重来；需要研究新的教育对象、新的家长，制定新的教育策略；也需要有接受一切可能的心理准备，在处理突发问题或者班级集体问题时心平气和，积极应对。

（广东省深圳市翠北实验小学　邓小冬）

事件 5：一年级新生家长敏感、焦虑，怎么办？

初任一年级教师，上学期还没过半，班级问题已经层出不穷，时不时会收到家长反馈自家孩子与同学之间的摩擦问题。一年级新生家长生怕自己的孩子在学校受人欺负的心情可以理解，但有些言辞过激、行为失当，导致事件"升级"。这不，一天下午放学后，我又接到一个电话：

"王老师，中午放学路上，孩子说被别班小朋友打了，是哭着回家的，这是校园霸凌！如果对方家长不负责，我们就要诉诸法律，一定要让他付出代价！"

打电话的是小乔妈妈。乔妈第一次联系我是在开学后半个月左右。她的信息是这样的："王老师，小乔的水壶丢了一周！请您帮他找一找！！！"一般来说，一年级刚入学的孩子物品保管能力稍弱实属正常，只是信息中的三个感叹号看着有些扎眼。

还没等我给小乔找到第一个水壶，几天后，乔妈再次给我发来了信息："王老师，孩子的第一个水壶没找到，第二个水壶又不见了！！！他的数学《知能》也不见了！！！请您帮帮忙！！！这样丢三落四的习惯太不好了！！！"这回用了 12 个感叹号！

连丢两个水壶，确实有点频繁。这次，我仔仔细细带着孩子复盘丢水壶的经历，终于从孩子不太清晰的表述中推断发现孩子记错了放水壶和《知能》的位置。本以为东西找着就没事了，结果没几天又出问题了。

这天刚好是我负责放学，孩子们在校门口和我击掌后迅速散去，这时我才发现小乔慢悠悠哭着走来，告诉我刚刚被别的班一位同学打到了脸。孩子的爷爷在旁边看着着急不已，我向小乔爷爷承诺下午会好好调查此事。没想到，就在爷爷带孩子离开不久，孩子爸妈的电话就一个接一个"轰"来。即使我再三劝慰，告诉他们我正在寻找对方教师的路上，请家长至少给我告知对方和了解情况的时间，但孩子的父母似乎已经认定自己孩子受到了欺凌，而对方孩子肯定不会负责任，完全听不进我的话。

类似情况还有很多，而小乔也确实不让人省心。放学时明明在路队里走得好好的，可他有时趁我不注意就溜了。乔妈只要第一时间在路队中没看到自家孩子，马上就电话追问是走丢了还是被留堂了……

作为一年级教师，我相信这样的事情已经司空见惯。如何面对这些小调皮及背后显得有些焦虑的新生家长呢？

案例分析

一年级新生对校园环境和学校要求都不熟悉，规则意识不强，起始阶段新生日常行为中出现各种小问题倒也不足为奇。面对类似乔妈这样焦虑又有点儿偏激的家长，该如何有效沟通呢？细致梳理一下小乔身上发生的这些问题，大概可以归为以下几个因素：

一是一年级孩子的共性问题与小乔的特点。一年级的小朋友从幼儿园进入小学后，拥有了更多自主交往和活动的空间与时间，但他们的自理能力总体偏弱，常常丢三落四。同时，一年级小朋友对同学交往中出现的小摩擦，不会沟通解决；遇到困难，比如丢了东西不会求助，要等大人来帮忙，只会告状或通过偏差行为动手解决问题。小乔在这方面比其他同学表现得更为明显，基本没有独立解决问题的意识和能力。比如"霸凌"案件的调查结果，其实是一个孩子身上背着琴，转身动作幅度太大，不小心撞到了小乔。只是孩子回家一边哭，一边语焉不详地表述，引来了父母无限的遐想。

二是家长教养方式失之偏颇。孩子社会技能的缺失，映射出父母对孩子技能培养的忽视。火车通常行驶在两条平行轨道上，孩子的成长也有两条轨道：一条是学习，另一条是社会技能培养。如果家长仅重视智育而忽视了社会能力的培养，就会导致孩子进入小学这个小社会后存在诸多不适应和交际"碰壁"。在和小乔妈妈的沟通中，我发现家长特别在乎孩子的学业成绩，但生活上过度包办。因此，遇到问题找妈妈，成了孩子默认的唯一的解决方法。

三是焦虑情绪引发片面归因。一年级上学期恰好是家校双方尚未形成稳固信任关系的幼小衔接阶段，敏感焦虑型的家长更容易将孩子的成长问题归于外因，忽视孩子的问题和家庭教养之间的关联。孩子频出问题也让高标准、高要求的乔妈感到非常敏感和焦虑，这才有了给我发送的那一条条看起来有些"不礼貌"且带有很多感叹号的短信，才有了问题发生时一点就着的失控情绪。

乔妈尽管是个案，但类似的在教育孩子方面需要转变观念的新生家长却不少。如何在起始阶段达到家校之间的育人共识，携手指导孩子从小养成相应的交往技能，是摆在一年级教师面前的现实问题。

解决策略

针对敏感焦虑型家长情绪失控的突发状况，我从以下几个方面着手解决：

1. 理解焦虑情绪，及时反馈过程

敏感焦虑型的家长遇到孩子的问题，不论大小，都很容易情绪失控。这时，保持温和、礼貌的态度，表达理解和对问题的重视很重要。

面对乔妈偏离问题事实的猜想和过激的言辞，我没有急着否定，而是先安抚她，表示理解她的心情，跟她一样非常重视这件事，一定会好好处理。但也告知她，我们需要等孩子们下午返校上课，双方孩子在场再展开调查，

以便更客观、全面地了解情况，真诚地请她给我一些必要的调查时间。

当问题解决后，我还给予家长客观的、就事论事的反馈，告诉乔妈我调查的经过，帮助孩子做了些什么，事件解决后孩子的状态如何，让家长看到我专业、尽责的态度，减缓下一次事情发生时家长的焦虑情绪，为未来的家校协同育人奠定信任的基础。

2. 总结问题共性，给予帮扶支持

乔妈每次找我反馈的都是散点事情，就任意单个事例与家长沟通孩子社交技能缺失问题，很难让家长信服。

因此，我专门建立了台账，细心记录小乔在社交中遇到的困难。当乔妈又一次因为孩子社交上遇到的问题找我求助时，我拿着这些关注到的事例帮助家长串联分析，梳理共性，提出帮助孩子进步的方案。渐渐地，我们的沟通越来越顺利。我想，不仅仅因为我对问题归因的专业性让她信服，更是因为乔妈感受到了我对孩子的关心，对孩子进步的期待，所以才愿意听。

3. 在校先行示范，启发家庭转变

转变家长的教养观念最有效的方式不是理念讲授，而是以学校教育带动家庭教育，让家长看到"对症下药"后孩子真实的成长和变化。

针对小乔的情况，我深知让家长一下子彻底转变固有观念是很难的。因此，在学校，我围绕一年级孩子普遍需要培养的问题解决技能开设了系列绘本心育课程，比如"把话说出来""不要告状，要沟通"等；我还在班级环境上下功夫，设立了一张"心平气和桌"，教会孩子遇到问题时一些自我表达的语言支架，比如"当……的时候，我感觉……""我希望你……"，让孩子遇到问题时，坐在"心平气和桌"前学会倾听对方怎么说，并勇敢表达自己的感受，形成解决问题的习惯；我也设置了"和平大使"小岗位，让孩子们轮流当我的小助手，帮助吵架的小朋友通过沟通解决问题等。

通过系列课程与活动，我不断带动学生社会交往能力的提升。浸润其中的小乔，也有更多机会参与到与人交往类的问题情境中，拓展交际空间，提升社交技能。小乔的每一次进步，都被我看在眼里，记在班级日记上。我常

以小乔在学校的进步为例，鼓励妈妈在家里也多让孩子参与家庭事务，发表自己的见解。

案例反思

《中小学德育工作指南实施手册》指出："家庭是学生成长的原生态环境，家长是孩子天然的教育启蒙者。每个家长对自己的孩子都有天然的爱的情感，他们都希望自己的孩子能健康地成长，因此，家长必然是学校教育的同盟者。"

虽然遇到问题有些家长会冲动行事，但他们的出发点一定是希望孩子更好地成长。因此，我们不要急于跟家长讲道理或给家长贴上"没礼貌"的标签，家庭教育与学校教育形成合力的基础是彼此理解和信任。我们要相信，基于孩子更好地成长这个共同的目标，用我们的专业、智慧，我们可以引领家长看到孩子问题背后的成长契机，成长为更智慧的家庭教育者。

（广东省深圳市前海港湾学校　王琳）

事件 6：小班长被家长集体"弹劾"，怎么办？

案例呈现

这天，我上完第一节课，进办公室打开电脑，一眼看见班级微信群信息显示 99+ 了。怎么回事？一大早，群里竟会如此热闹？

"我家的孩子被打了。"

"我家的孩子说她经常打人，谁不听话，她就打谁。"

"班级孩子应该都被她打过，也太野蛮、太没有家教了……"

…………

只见群里家长们你一言我一语的，对话还在继续着，矛头直指班长小小。这么严重吗？我倒吸了一口凉气，赶紧向上翻看消息。

原来，是瑞瑞妈妈发到群里一张照片。瑞瑞满脸泪痕，额角上鼓起一个很大的包，右手有点肿，有明显的伤痕。下面配了一段文字说明：大家看，这是被小小打的，太野蛮、粗暴了！

家长们都在附和："太可怕了！"

我一数被打的孩子有 20 多个。看样子，事情很严重。我赶紧回复："大家的心情我理解，请给我一点时间处理，后面一定会给大家一个结果。"群里总算安静下来。

我立刻拨通了瑞瑞妈妈的电话。她告诉我是前一天晚上放学小小整队时打了瑞瑞，瑞瑞的头撞到墙上，磕了大包，手也擦破了，流了不少血。原来昨天放学时，我正组织学生分两列整理书包。小小作为路队长负责走廊队列，我则在教室内督促动作较慢的学生。有个学生不小心碰翻了水壶，当我蹲下处理水渍时，走廊传来骚动声。我立即赶过去，看到小小正扶着摔倒的瑞瑞，两个孩子都红着眼眶。当时，瑞瑞只说是不小心摔倒，额头有点红，我便简单处理了一下。没想到孩子皮肤娇嫩，后面就红肿起包了。

放下电话，我去了教室门外观察瑞瑞的状态。孩子在很认真地听讲，状态还不错。我松了一口气，看来昨天的事情对孩子的影响还不算太大。下课后，我把瑞瑞叫了出来。看到她头上的大包还在，询问后也证实了她妈妈说的话。我把孩子抱在怀里安抚地说："如果真是这样，那就是小小做得不对，老师会让她跟你道歉的，你会原谅她吗？"孩子懂事地点点头。

我没有直接找小小，而是观察她在管理班级时是不是如家长说的，简单、粗暴。我录了视频。小小很认真负责，让每个同学趴下静息等候，对于个别调皮的孩子，有时用手打下对方的手臂，有时会拍一下后背，但是力度绝不是家长口中说的"打"。

最后一节课，我把小小和瑞瑞一起叫出来，让小小看瑞瑞的伤，告诉小小是她推了瑞瑞后所致。小小说瑞瑞动作很慢，她当时只是推瑞瑞站好队，没想到瑞瑞没站稳摔倒了。我对小小说了以后在履行班长职责时应该注意的问题，小小连连点头，并表示会主动向瑞瑞道歉。

我把处理过程详细地在班级群里进行了反馈，以为事情就这样结束了。没想到第二天早上，小小到校后一直趴在座位上闷闷不乐。我走到她身边询问，她还没等开口就哭起来了，断断续续地说她爸妈昨天打了她，不让她当班长了。

我安慰好小小，正准备和她家长沟通时，却接到了思思妈妈的电话。她说："老师，我是家长代表，我们对您处理小小的这件事有看法，觉得处理太轻了，应该撤销她的班长职务，避免这样的事情再次发生，给被欺负的孩子留下心理阴影。"

我让思思妈妈转告家长：我会关注班级的所有孩子，小小作为班干部，我会更加关注并指导她改进工作方法。但因为管理方法存在些许不当就直接撤职，这样会对孩子造成伤害，今后还有哪个小朋友敢担任班干部呢？家委这边"按"下去了，但和小小家长沟通时，他们的态度非常坚决。小小妈妈说实在不想让孩子做班长了，他们每天提心吊胆的，压力很大，还担心这样下去小小被班级学生孤立。

显然，班级群里的信息、其他家长的私下议论，给小小家长带来了压力。如何妥善处理这件事，也确实颇费思量。

案例分析

由以上案例不难看出，孩子在学校出现了一些问题，家长在不明真实原因的情况下，一些不当做法会导致矛盾升级，增加家校沟通的难度。

"受害者"心态家长行为分析：事后我才了解到瑞瑞妈妈在孩子回家反映班长将她推倒受伤后，她不是直接找老师求证和寻求解决，而是私下建群暗中调查，用自己的方法搜集"证据"，并号召其他家长一起"弹劾"小干部。当得不到她想要的结果时，她就认为是老师偏袒，再次联合家委给对方家长压力，让小干部家长自动要求撤职以平民愤。这些做法无论从处理事情的流程还是道义上都存在严重问题。这种不顾其他孩子及家长感受而一味袒护自己孩子的家长，其行为如果不加以遏制，将对班级风气造成严重的负面影响。

两个当事人的性格特点：瑞瑞，自理能力弱，做事动作慢，老实听话，平时很少说话，胆子小，遇到事情只会哭，在家长眼中就是"弱者"的代表；小小，活泼开朗，热心班级事务，但性格有些急躁，看到同学有小毛病时缺乏耐心，缺少方法，需要教师引导，及时纠偏。

家校沟通现状分析：从班级群里家长随意发言、多数家长被瑞瑞家长带偏集体公然"讨伐"一个小小的孩子等一系列行为中，可以看出，因为起始年级家委会还没真正建立，教师对家长群体不够了解，家校沟通不够顺畅而全面，很多基本规则还没建立，导致家长群体越界，缺乏对自己沟通方式的自我反思和约束。

面对这种情况，教师首先要反思自己在家校沟通方式和策略上还有哪些急需改进的方面，如何及时控制家长群体中这样不太好的苗头。建立正向的良性家校沟通机制，加强家长与教师之间、家长与家长之间的了解，彼此信任，迫在眉睫。

解决策略

1. 遇事冷静，迂回缓冲

教师遇到一群家长联合反映一件事，首先要保持冷静，意识到事情的严重性，认识到教师和家长之间缺乏信任。面对家长的不当言论，教师要理性而有耐心，用虚心接纳的态度"软化"家长，先让群里的家长冷静下来，及时做好当事人双方的安抚工作。起始班级教师要始终保持公正、透明地处理事情的态度，了解情况后及时通报，让每个家长都感受到教师对所有孩子的关注及平等对待。

2. 将心比心，树立正气

本案例涉及小干部与同学之间的问题。主要原因是小干部缺乏科学的管理方法，对此，教师要及时引导和教导小干部掌握正确的工作方法，同时让全班同学看到小干部为班级的付出，心存感恩，多看优点；引导家长将心比心，理解小干部是成长中的小孩，对他们不能求全责备，换位思考如果自己的孩子和别人发生纠纷，教师是否也这样严肃处理，不给孩子机会改正来让他们认识到自己的错误。

3. 建立信任，树立边界

教师真诚、及时地与当事人双方家长深入沟通，并引导瑞瑞妈妈认识到自己的问题，知道自己在班级群里留言主要是因为过于担心，一时心急才发表了不当言论，以后遇到类似事情会先与教师沟通，相信教师会公平对待每个孩子。同时，教师会通过召开家长座谈会，指导年轻家长正确认识并处理孩子之间的小矛盾；及时召开家委会，明确家校沟通底线原则，让家长进一步明确做事边界，不缺位孩子的教育，也做到不越位，按照家校沟通流程来解决问题。

案例反思

家长不懂沟通边界，因为越界插手，将原本孩子之间的小冲突升级为大矛盾的现象，在低年级相对突出。作为教师，我们要始终保持冷静，全面了解、真诚沟通，用事实说话。解决类似冲突事件时，教师要有理有据、不卑不亢、公平公正，以此获得大家的信任和尊重。同时，要善于反思，及时改进自己的教育行为，与家长主动沟通。

[广东省深圳市南山外国语学校（集团）第二实验学校　樊玉玲]

事件 7：课间意外受伤引发双方家长矛盾，怎么办？

案例呈现

"黎老师，你班的森森摔跤了，在医务室。"值日教师的一个电话，让我瞬间紧张。"千万不要受伤，拜托拜托……"我一边心里默念，一边挺着大肚子快步走向医务室。"小指头有些肿胀，已经涂了药膏，但手指里面看不到具体情况，建议让家长带去医院看看。"校医一边处理着森森的伤处，一边对我说。

我看着森森的小指头，庆幸应该问题不大，于是询问孩子当时发生的情况。原来课间时分，森森和锐锐在走廊上玩你跑我追的游戏，一不小心，锐锐踩到了森森的脚后跟，森森便扑倒在地，小指头被压到了。随后，我拨打了双方孩子家长的电话，告知他们发生的事情，同时建议双方家长共同带着森森去医院看看。

第二天森森来到学校，我借此机会，在班会课上再次向全班同学说清了这次意外的过程，提醒同学们注意安全玩耍。在班会课上，我向锐锐提出了一个要求：在森森康复前，锐锐要帮助森森背书包、打饭、拧盖子。锐锐愉快地接受了。而后，在相处中，森森和锐锐成了形影不离的好朋友。

此时的我，以为事情就此结束。然而，事与愿违。"黎老师，我要请律师，起诉锐锐妈妈。"某一天下午放学，森森妈妈看见我，就将我拉至一旁，生气地说道。

起诉？什么事需要走法律程序？我心里咯噔一下，赶紧轻声细语地对森森妈妈说："森森妈妈，这里站着累，您陪我去玉兰厅坐坐，有事咱们慢慢说。"我特意拉着森森妈妈的手，往玉兰厅里走去。森森妈妈看着我这大肚子，体贴地挽着我的手。

到了玉兰厅，我俩对坐着，我给森森妈妈递上一杯水，说道："是发生了什么事情吗？一边喝水一边说，这里就我俩，您慢慢说。"森森妈妈顿了顿，向我细细说来。原来，是上次的事情闹的。自从锐锐不小心将森森推倒后，锐锐家长看见森森妈妈就躲着，对事情不理不顾，既不交谈也不道歉，偶尔在微信上前言不搭后语地和森森妈妈聊天。最近几次，不知道怎么聊着聊着，就聊出矛盾来。双方都觉得对方家长冤枉了自家孩子，一言不合，打算走法律程序。

"你们都是一个班的家长，都非常明理，对班里的事都很积极，我想可能你俩在微信聊天的时候，出现了一些文字误会。您先冷静冷静，我一会儿和锐锐妈妈沟通，来处理这件事，您就先放宽心。沟通后，我再和您细说。"我安抚着森森妈妈的情绪。

晚上，我拨通了锐锐妈妈的电话，向她询问具体情况。还没等我细说，锐锐妈妈就传来一通"轰炸"："说起森森妈妈，我就来气，孩子已经在学校道歉了，还要我怎么样？凭啥要赔偿、要道歉？说我不道歉、不赔偿就去找律师告我，去啊，去啊……"

放下电话，我脑子里闪现着锐锐和森森好哥俩的模样，耳边响起森森妈妈和锐锐妈妈那火药十足的声音，愁绪满天飞……

案例分析

这本是一起简单的学生玩闹发生的碰撞事件，却由于学生身体上受到了伤害，家长之间引发了隔阂、矛盾。

此次事件中，两个孩子的年龄正处于学习人际交流的开始阶段，发生冲突很正常。面对孩子之间的矛盾，教师应该做的是及时处理、适当教育、合理引导以及提出建议，妥善处理好个别孩子与班集体之间可能出现的问题。

当森森和锐锐发生意外时，我第一时间关心学生伤情、及时联系家长、了解事件始末、单独谈话教育等都是值得肯定的。为避免森森和锐锐此类事件的发生，我及时通过班会课引导学生自我反思、自我教育，遵循集体教育与个别教育相结合的原则。

每一位学生的背后都有一对拥有一片拳拳之心的父母。生生之间的摩擦，若处理不当，易引起家长之间的矛盾。这次学生之间的意外事件，双方家长立场不同，看待事件的角度不同，在缺乏面对面的沟通时，产生了不必要的分歧与误会。

教师是学生与家长之间沟通的桥梁，在处理家长之间的分歧时，教师理应遵循沟通为上、友好交谈的原则，搭建必要的交流平台，正确而有效地处理此类问题。本次事件中，教师缺少及时应激机制，未有效落实事件的长效跟进机制，出现不必要的失误，这值得反思。

解决策略

1. 共情模仿，变"误会"为"理解"

共情不是同情，而是产生情感共鸣，是深入他人的思想从他人的角度体验世界。每位教师都要"共情"，从家长的角度看问题，换位思考，互相理解，缓解矛盾。家长间的冲突往往是沟通不当引起的，因此解决家长间的冲突，最关键的是利用共情处理当下问题。

在这次意外事件中，面对双方家长的情绪，我借用孕肚和两位妈妈聊起了她们的孕史。你一句，我一句，无所不谈，渐渐地，两位妈妈平复了心情，转移了部分注意力。

模仿可以建立联系。你冲着某人微笑，对方通常也会回以微笑。通过模仿对方的动作和行为方式，我们会产生信任、开放、亲密甚至同理心。在和两位妈妈沟通中，我会因为她们说起孩子小时候的调皮事而开怀大笑，也会因为她们聊起孩子受伤而湿了眼眶，不自主地流下眼泪。为了让她们体会到孩子之间纯纯的友谊，我还模仿两个孩子日常的对话动作，惹得她们不由自主地乐了。在这样的气氛之下，两位妈妈渐渐地卸下了防备。

2. 活动载体，化"意外"为"成长"

雅斯贝尔斯说过：教育即生成。学生间发生的意外事件，往往是学生成长中的重要过程。教师借此"意外"因势利导地转化为学生"成长"，使得教育更具"完整性"。

这次事件发生后，我在班级里针对此类安全事件进行了以"课间玩耍，莫急"为主题的班会教育，让学生进行情景模拟，意识到有哪些安全隐患，通过游戏互换的方式选择不一样的课间游戏，最后开展"团结帮帮帮"策略大收集活动来引导学生掌握处理意外事件的方式。就这样，在班会课上，让学生了解课间玩耍的注意事项、合理游戏方式及生活应急方法等。而对于当事人，我让大家一起为锐锐出谋划策，比如让锐锐帮助森森端餐盒，替森森背书包，喂森森吃饭等，让锐锐学会用行动来弥补伤害，用行为道歉来代替言语道歉，使道歉更诚恳、更真挚。

3. 专业引导，引"情理"入"心灵"

在这次意外事件中，我约见森森妈妈，理解森森妈妈对孩子受到伤害的担心，肯定了森森妈妈在处理事情中表现的大气与明理。约见锐锐妈妈时，我肯定了孩子近期的进步，大力表扬孩子知错就改的良好品质。之后，我了解到锐锐家近期遭遇经济压力，所以对赔偿金额有所担忧，对此我表示理解，并承诺帮忙协调处理，让锐锐家长放下心理包袱。

约见完双方家长后，我评估了双方家长的诉求，认为超出了我的协调能力范围。因此，我转变策略，借助学校力量进行干预，利用学校的沟通平台，由心理老师将本冲突变成一个教育案例，在线上组织家长们进行沙龙研讨，将一场有可能演变的"谈判"转化为一次家长间的育儿"交流"。我继续跟进此事的后续：双方家长通过一顿晚饭打开了心结，而后同时加入班级家长读书会，共同学习进步。

为避免此类事件的发生，也为了巩固班级家长的友好关系，我征求了两位妈妈的意见，让她们通过班级家长读书分享会，向大家分享了这次事件的心得，让更多的家长从中获得启发。两位家长的分享会，让我们在教育过程中面对矛盾冲突时能够泰然处之、有效沟通、相互理解、从中受益。

案例反思

此次事情的发生，暴露了我在班级管理中的一些问题：

首先，缺少与家长日常的紧密沟通，矛盾升级时出现协调不畅的问题。其次，事件跟进过于缓慢，促使矛盾升级。但在后续的事件中，我及时处理学生之间发生的意外，将其伤害降至最低。最后，进行全班教育与个别教育，将安全教育与德育教育结合，促使学生共同成长。在与家长沟通方面，超出了自己的协调范围，寻求学校的帮助，妥善处理此类矛盾，维护了班级和谐。

（广东省深圳市六约学校　黎廷秀）

事件8：亲子冲突后家长要求孩子居家反省，怎么办？

～～～～～～～

和往常一样，孩子们正在教室里早读，我进行考勤，清点学生人数时，发现小Z的座位空着。平时总是早早来学校的他今天怎么会迟到呢？我拿起手机拨打了小Z爸爸的电话，小Z爸爸冷冷地回应道："我不让他上学了。"

我愣了一下，忙问："怎么了？发生什么事情了？"

"他昨天回家做作业，什么都不会，在学校不认真听课，学不会就不要上学了！"虽然没有见到小Z爸爸，但我也能感受到这位父亲的愤怒。但因为孩子不会做作业就不让孩子上学，也不向老师请假，这实在让刚踏入教师行列的我措手不及。因为我还要上课，没有足够的时间劝解小Z爸爸，我只好先安慰道："小Z爸爸，您别着急，昨天的作业确实有点难度。您先消消气，我这会儿还有课，等我下课了再给您打电话好吗？"

下课后，我仔细回忆了和小Z爸爸的通话过程，其实家长反映的作业不算太难，属于学生跳一跳就能够到的，课堂上也举过例子进行分析。因为担心无法很好地安抚家长，我先在纸上写出了我要询问的问题，深呼一口气后，再次拨打了小Z爸爸的电话。

在电话中得知，小Z爸爸工作了一天回家辅导孩子作业，却发现问孩子什么，孩子都只说"我不会！"于是小Z爸爸一怒之下将整本练习册都撕了。询问再三，才得知是孩子有一道题不会，不肯写。

记得有一次课堂练习小 Z 也是完全空着不写，只等着抄老师或同学的答案，我也是下课后辅导了半天他才愿意动笔。

家长上了一天班那么累，可能也没有耐心慢慢教导孩子，一怒之下就把孩子的作业本撕掉了。撕掉作业本后，小 Z 便开始哭闹了起来，于是小 Z 爸爸决定一个星期都不让孩子上学，让他在家里反省。

后来，经过我的一番调解、劝说，小 Z 爸爸终于同意让孩子上学。但就在当天晚上八点多，我正在学校加班时，又接到了小 Z 爸爸的电话，表示孩子不愿意上学了，向我寻求帮助。为了稳定小 Z 的情绪，我安抚小 Z 道："如果你有正当的理由，老师支持你。但前提是明天先到学校跟老师聊一聊。"

第二天，小 Z 到了我办公室后，我发现他手上有三道紫红色的伤痕。见状，我让小 Z 爸爸到门外等候。我询问再三，小 Z 才坦白，是他爸爸打的，因为他不会写作业，所以他爸爸撕了他的作业本，还用衣架打了他，他因此不想上学了。

回想起过去的一幕幕，再加上今天小 Z 爸爸这种态度，我确实更加犯难：我如何让家长认识到自己的教育方式失当，帮助他转变自己的教育理念，更好地教育引导孩子呢？

案例分析

从上面这个案例我们可以看到，虽然这次"停学"事件表面上看是学生的作业问题，但实质是学生家庭教育环境的问题，而这会对学生的身心健康与性格塑造产生非常大的影响，如果教师发现后没有及时处理，将会成为学生成长过程中的隐患。

首先，从性格上看，小 Z 是一个倔强的孩子，吃软不吃硬，上课时他常在课堂上大吼大叫，还听不得一点批评，只要有老师指出他不好的习惯或课堂表现，他就会很大声地喊出"不用你管""啥也不是"等话，然后就自己生闷气，并一直沉浸在负面情绪里，也不进行其他课堂活动，更别提认真听课了。

其次，在学习上，小Z有些畏难情绪，碰到自己认为不会的题目，就完全空着不写，怎么说都不肯动笔。

此外，从家庭背景来看，小Z是单亲家庭的孩子，爸爸是一名汽车驾驶员，平时早出晚归，一天要工作十几个小时，因此平时多是爷爷奶奶照顾小Z的饮食起居。但因为小Z脾气倔强，爷爷奶奶对他也是言听计从，小Z爸爸是家里唯一能管得住他的人。

解决策略

1. 落实日常考勤制度，及时与家长联系

教师的工作繁忙琐碎，但我们不能忽略了学生的考勤，发现学生没有按时到校应及时联系家长，询问原因，并按照学校流程及时上报。如果涉及孩子健康安全问题，应向学校报备，保护学生的同时也是对自己的保障。案例中的家长因控制不了自己的情绪，对孩子实施了暴力的行为，这种行为不仅对孩子身心健康产生了影响，更涉及法律问题，因此教师在处理了相应问题后应该及时向学校汇报，并保留相关资料，以备不时之需。

2. 保持客观立场，理性疏导家长情绪

教师面对家长的各种行为，首先要尽量保持理性。要辩证看待家长的做法，不论其做法是否恰当，出发点都是为了孩子的教育与成长。当家长的态度不太友善或恶劣时，教师也千万要稳住情绪，针对问题本身进行处理。就像案例中的家长，其实面对孩子的学习问题他也十分着急、烦躁，或许加上工作的忙碌和生活的压力，才导致他出现打骂孩子、撕孩子作业本的冲动行为，对于这样的行为，我们也应该给予理解，尝试着站在家长的角度进行换位思考，先帮助家长缓解负面情绪，然后及时了解事情原委，尽快帮助家长和孩子解决矛盾，让孩子尽快复学。

3.陪伴孩子成长，提供力所能及的帮助

每个班级都有一些孩子需要老师给予更多力所能及的帮助。本案例中的小Z爸爸由于家庭和工作原因没办法很好地指导孩子完成作业，老师应及时提醒孩子，以后遇到学习问题可以优先选择在学校询问老师，由老师给予相应的引导和帮助，合理利用学校的课后服务时间，提高学习效率。同时，引导家长意识到自己的家庭教育方式存在问题，在教育孩子遇到困难时，可以主动与老师沟通，共同协商解决。工作中，多一份爱心和耐心，让这类家长和孩子更信任老师，知道自己不是孤立无援的，以后不论在学习或是生活中遇到问题也可尝试着找老师一起解决，这有利于孩子的身心发展。

案例反思

- - - - - - - - - - - - - - - -

教师的工作千头万绪，我们处理问题时需要考虑多方面因素，但我们在原则问题上绝不能让步，如遇到家长让孩子无故停学、对孩子施加暴力行为的情况，我们绝对不能听之任之，而应该加以干预，遇到解决不了的问题也应该及时寻求学校的介入，不能让小事变大，对学生造成更大的影响。同时，教师要对班级部分特殊的孩子给予更多的关注与关爱，共同守护孩子健康成长。

[广东省深圳市明德实验学校（集团） 谢晓旋]

事件9：家长担心作业给孩子带来压力，怎么办？

周六，我像往常一样关闭了闹钟，想趁着周末补个觉。天刚蒙蒙亮，一阵"丁零零"的电话铃声把我从睡梦中吵醒了。电话接通："张老师，早上好！我是Y同学的妈妈，我家孩子昨天在学校因为您要他交作业，做了一夜噩梦都在找作业本，一夜的睡眠状态都是'咿咿呀呀'的，嘴巴似乎一直在念叨作业本的事，仔细听也听不太清。我看着孩子这副模样，心中无比难受，也一夜未眠。我不能看着孩子刚入小学就有如此大的压力，更不能失去我的孩子……"电话那头的声音变得哽塞。

Y同学课堂上的模样顿时浮现在我的眼前。上个周二，上完课，我像往常一样让孩子在课堂上书写几个当堂学过的生字，上课认真听讲的孩子很快就写完交了上来，可是Y同学临近下课还在磨磨蹭蹭，时而发呆，时而玩弄手中的铅笔。我走到他身边提醒多次，甚至手把手教他写了好几个字，可当我一走开，他又不好好写了。下课时，我凑到他耳边告诉他："你要认真学会写字，上学的孩子要学会写字才更棒！今天的作业，一定要交给我哟！"听着我的提醒，他也笑嘻嘻地答应了。可到下午放学时，他走到我面前低下头说："老师，我的课堂作业还没写完，我拿回家写完，明天交给您，行吗？"我看出此刻他内心充满了对放学回家的期盼，已经没有心思在学校继续完成作业了，只好答应他把作业带回家写。

第二天，他并没有将作业本交给我。我找他要时，他一脸镇静地向我解释说，本子忘在家里了。我原谅了他，并叮嘱他："今天晚上回家记着把本子装进书包，明天一定要交上来哦！"他也开心地答应了。

第三天，他依然没有把作业带来。我找他问起作业的事，他却吞吞吐吐地告诉我："老师……昨天……昨天晚上……我去晚托班……作业……作业本不知道去哪儿了……"我说："作业本怎么会不翼而飞呢？放学我要找你的晚托班老师问个究竟。"那天放学，我没有第一时间让他回家，而是把他留在教室等着晚托班老师到来。可是等了很久，晚托班老师并没有来，我只好让他先回家了。

听 Y 妈妈讲完 Y 同学的噩梦和她的一顿发泄之后，我在慢慢疏导、安慰中了解到 Y 同学特殊的成长背景：Y 同学从小在老家跟随小姨生活，直到上小学前夕，Y 妈妈才把他从江西接回深圳，孩子与妈妈之间的感情也还在培养中，所以妈妈在很多时候是顺着孩子，生怕孩子有什么不适应或不开心的事，从而不跟妈妈一起生活。老师反馈的孩子平常在校的不良表现，她从来都不敢正面与孩子沟通，都是旁敲侧击地与孩子简单聊聊。一旦发现孩子情绪上有不开心时，妈妈就表现得更加小心翼翼。

那么，孩子真是一提到交作业就做噩梦吗？如何让孩子和家长走出心灵的梦魇呢？

案例分析

本案例呈现的是一个单亲妈妈与孩子相处模式带来的亲子沟通问题。从中我们可以看到以下教育问题：

一是家校之间的教育观念出现分歧。由于 Y 同学刚从老家来深圳上学，家长认为应该让孩子先适应环境，不应该对孩子有任何要求，只要孩子开心快乐就好。老师认为教育孩子养成好习惯的最终目标就是让孩子从自己的努力中去获得成就感和自我价值的确认，从而变得自信、阳光、快乐。双方目标看起来一致，但所追求的快乐存在本质上的差别。

二是家庭因素对孩子和家长有不同程度的影响。一个和谐的家庭是孩子成长最重要的因素。Y妈妈可能因为失去完整家庭，无法全身心将自己的注意力转移到孩子的学习上。她自己或许还陷在痛苦和迷茫之中，或许认为单亲家庭对孩子也造成了不同程度的伤害，在感情上对Y同学产生婴儿式的依恋，潜意识里恐惧Y同学因长大而离开自己。她或许认为让Y同学不离开自己的唯一办法就是顺从，所以对Y同学百般溺爱，不能接受Y同学受任何委屈。这次深夜看着孩子在睡梦中"咿咿呀呀"睡不踏实，Y妈妈就把问题归结到老师逼孩子交作业上，所以来问责老师。

作为老师，面对家长认为孩子因为老师严格要求按时提交作业而做噩梦的做法，我一度也很纠结。我是否还要继续像以前一样严格要求班上的孩子呢？

如何与家长沟通，既能达成家校教育目标的协同一致，同时也引导家长认识到自身亲子教育方面的问题，并作出改变，是摆在我面前的难题。

解决策略

1. 以真诚的言行感化家长

听Y妈妈讲完Y同学找作业本的"噩梦"后，我意识到Y妈妈可能正处在一个低落时期，她此刻的情绪，我可以理解。一种责任感使我必须立即站在Y妈妈的立场以共情的心态安抚她的情绪。经过一番安抚，Y妈妈心情终于稍稍平复。周一返校后，我先与Y同学沟通，从交流中可以看出他完全明白妈妈对他的溺爱，妈妈也特别在乎他的情绪。正是因为妈妈的过分在乎与溺爱，他在生活中事事依赖妈妈。待Y妈妈冷静两天之后，我和她相约面谈。我先从单亲家庭情况及其孩子的性格特点，帮Y妈妈分析了问题根源——单亲家庭中孩子爱的缺失，并不能用溺爱来弥补，绝不是从情感或物质上给孩子各种满足，甚至一味顺从，就能减轻自己对孩子内心那种负罪感和内疚感的。我和Y妈妈经过一次心与心的交流，似乎彼此之间多了些许信任，Y妈妈慢慢对自己的做法开始了自我反思，终于能够面对孩子所存在的现实问题，明白了"父母之爱子，必为之计深远"的道理，也很理解老师当时的做法。

2. 以个性教育的理念包容孩子

苏霍姆林斯基曾说过，每个学生都各自是一个完全特殊的、独一无二的世界。每个学生都有自己的特点、兴趣、情感和需求，具有不同的发展水平。要让不同的学生有所提高、有所发展，教师必须根据学生个体差异，转变不同的方法去做好学生的个别教育。

其实，老师布置学生写作业的目的就是巩固所学知识。Y同学不愿意写作业，说明写作业目前还不能成为Y同学认知范围内所发展的项目，老师不能强迫他，但也不能放弃他，可以在力所能及的范围内通过引导，激励Y同学把写作业这个项目在他目前的认知范围内做到最优。针对Y同学逃避作业背后的实情，我果断对他调整了要求，降低了对他的标准。无论学习与生活，我都不再像以前那样向他提出与其他孩子同等的要求了。

3. 从阅读中汲取智慧力量

为了避免日后此类冲突再发生，我多次向心理成长中心的老师请教学习，还阅读了大量图书。其中，王怀玉老师著的《从班级到成长共同体：不一样的带班策略》这本书给我的启发最大。书中写道："当发现学生有情绪时，如果教师总是带有大人的指责眼光和语言加以评判，往往只会徒增悲伤，甚至会引起师生间的矛盾。教育首先是心灵的教育，教师真正能够与学生交朋友，就要学会用心去感悟学生，走进学生内心。"读到这里，我恍然大悟。教师与学生、与家长之间的误会，很多时候就是没有走进彼此的内心，造成沟通不畅，缺少信任。只有全面了解各方面的情况，才有可能对孩子的学习与行为作出较准确的判断，了解孩子行为背后的各种可能性，这样彼此之间才会有信任。在沟通中准确找到家长和教师教育理念重合的地方作为交流的切入点，避开家校之间可能存在的分歧，不反驳也不企图同化，寻找到共同点，这样才能让沟通更加顺畅，让家校配合更加默契，彼此担起该担的责任。

案例反思

Y同学这种逃避写作业还撒谎的孩子，我们在教育教学中，时有遇见。就目前的教育现象及教育问题来看，学生的很多问题通常是长期施加在孩子身上的"负能量"不断累积的结果。作为教师，我们要面对现象追寻根源，了解其各种状况产生的原因，开具有针对性的"治病处方"，不能给反复犯错误的孩子贴上某种标签。

教师应该根据不同孩子的家庭、特点、个性，以及不同家长的需求，因势利导，给每个孩子播下一粒不同的种子，静待花开。

（广东省深圳市龙岭学校　张继巧）

事件 10：家长拒绝孩子参加集体活动，怎么办？

案例呈现

小林是本学期转来的新同学。每一天，他都静静地坐在位置上不吵不闹，也从不举手，即使被点名，也只是站在那里静静地看着你，不说话。后来我们了解到，他的学业成绩很不理想，每一天，总能听到各科老师在他耳边不停地念叨"你的作业怎么又没交""我刚讲完的知识点，你怎么就忘记了""你得用点心呀"……他总是紧紧地皱起眉头，很忧愁的样子。在班级生活中，他也总是独自一人坐在角落里，不和同学玩耍，不和同学交流。

放学后，我正在办公室批改作业，飞翔小队的队长小涵跑过来向我求助："老师，小林的妈妈在教室里发脾气了，您快去看看吧！"

这是怎么回事呢？一番询问之后，我才得知，飞翔小队打算在本周末开展一次"走进敬老院孝老敬亲"活动，全组同学便利用今天放学后的时间讨论活动细则。可是在讨论的过程中，小林想参加活动却又担心妈妈不让，便埋头哭了起来。他委屈难过的样子恰好被妈妈看见了，妈妈以为同学们欺负他了。

我在跟着小涵快步走向教室的路上，碰上了怒气冲冲的小林妈妈。还没等我开口关心，她便激动地说："下雨天，我来接孩子放学，一进教室，就看见他坐在位子上哭，问他怎么了，他就是不说，委屈巴巴地看着我。我想是同学们欺负他了，我的孩子在原先学校就因为学习差，总是被别人嫌弃，今天我又看到他哭，正要找您讨个说法。"

我一听，便知道她应该是误解同学们了，但看到她情绪非常激动，就先耐心听她讲，并表示如果真有同学欺负小林，我一定马上处理。小林妈妈就说看到其他同学都在热火朝天地讨论，只有小林在那里坐着哭，肯定是被欺负或受委屈了。在一旁的小涵听了小林妈妈的话，赶紧解释道："本来同学们都邀请小林一起去敬老院打扫卫生，他说想参加，但又担心您不会同意他去，他才哭的……"

听到这儿，小林妈妈追问儿子是不是真是这样，小林微微点点头。小林妈妈略显尴尬，但马上直截了当地说："巩老师，我确实不会同意孩子参加活动。我的孩子学习成绩不理想，我希望他把所有的时间都用在学习上，他是没时间陪你们瞎玩的。"说着，她拽起小林就走，拦也拦不住，留下我和其他同学一脸茫然。

案例分析

这个案例反映出家长和老师之间因为教育理念不同而存在家长不配合班级工作的情况，同时家长也表现出对老师和班级其他同学的不信任。内在原因有哪些呢？

小林是插班生。从转入班级近半年的表现可以看出，家庭教育存在一些问题。小林性格内向，不擅长表达，缺乏自信。因为学习成绩一般，在原先的学校里曾被冷落，不太合群，缺少玩伴。面对新班级同学们的盛情邀请，小林是想参加活动的，内心渴望融入班集体，但又因担心妈妈不同意而委屈哭泣。家长后面也确实直接拒绝让孩子参加集体活动，可见家长平时疏于关注孩子内心的真实需求。

小林妈妈希望孩子能得到新班级同学和老师的认可。当看到小林哭的时候，便下意识地认为是同学们欺负他。这与她过去的经历相关。在小林妈妈看来，小林属于后进生，在学校应该是不受欢迎的，并试图采用生气、撒泼的方式来引起老师的重视，为孩子争取公平的对待。事后尽管知道事情真相，也没有认识到自己的问题，还固执地拒绝让孩子参加班级活动，并希望通过提高孩子的学习成绩来改变这样的现状。

面对这样的家长，教师在彼此还不够了解的情况下直接指出家长的教育理念和方法问题，效果可能适得其反。面对家长对班级活动不认同、教育理念（只重视学习成绩）的偏颇，教师如何得体地与之沟通，增强彼此互信，再达到家校携手共育的目标呢？

解决策略

面对家校育人理念的冲突，面对后进生的转化问题，我想作为教师需要有更温情的理解和更理性的策略，来促成家校真实且有效的合作，营造良好的家校育人氛围，为学生发展提供强大的支持力量。

1.理解家长难处，给予帮助

《中小学德育工作指南》提到，要全员育人、全程育人、全方位育人。教育需要家长的力量，那么要如何唤醒家长的教育力量呢？

首先，我们要理解家长。对于小林妈妈的行为，我首先表示理解，理解她为人父母盼望孩子成才的心，理解她的不完美，理解她的教育行为并非都是有效的。在此基础上，我主动打电话、发微信、家访，以更平和的方式去沟通。在沟通时，我真诚关心、认真倾听、委婉建议、做到保密，让小林妈妈真切感受到，我和她一样爱小林，并且我尊重她、理解她，愿意和她一起讨论教育小林的好办法。当她打开心扉，愿意信任我，便同意了让小林参加活动的事情。

其次，我们要帮助家长。在理解的基础上，我为小林妈妈作好家庭教育指导，共同学习《家庭教育促进法》，并且邀请小林妈妈参与家长线上阅读分享会、家长讨论会，坚持分享优质的教育方法、理念。通过个别交流、群体学习、家长之间互学、家长学校、亲子互学、种子家长辐射等方式，来引导她阅读、学习、实践，促成小林妈妈转变家庭教育认识，提升家庭教育水平。

2. 主动走近学生，传递关爱

面对小林这样的后进生，教师要有更多耐心和爱心，不要因为学生的某些不足，而忽略了孩子的整体发展，要坚信每一个孩子都是富有无限能量的生命体。在尊重的基础上，主动关心小林，真诚地与他"谈心"，通过对话、观察，去了解、去发现孩子的兴趣爱好、特长，以及更多属于这个孩子的"奥秘"和他的发展需求。

在深入交流的基础上，我发现小林花样跳绳特别厉害，于是便请他担任"花样跳绳小队长"，让他发挥特长，把更多的技巧传授给同学们。在老师的鼓励、同学们的赞许中，他感受到了价值感、责任感、归属感、幸福感，变得越来越开朗、越来越自信，自我发展的意识觉醒。

3. 创造展示平台，形成合力

随着小林的积极转变，我不仅鼓励他参与活动，还鼓励他组织活动。一开始，他很担心大家不认可他，不愿意参加他组织的活动。为此，我又与他长谈，给予他勇气。他大胆地发起"亲近大自然"活动，主动请教有经验的同学，建群讨论活动时间、地点等。后来，活动开展得很顺利，同学们纷纷夸赞小林。他说："活动需要大家一起努力，班里的成绩也要大家一起努力。"假期里，他一反常态，发奋学习，新学期的第一次科学听写得了100分！

不仅孩子被理解、被看见，家长亦然。小林妈妈同样需要被肯定。孩子进步了，小林妈妈和我主动交流的次数也多了。我也努力挖掘小林妈妈身上的特长、优势，给她展示的平台，邀请她担任年俗活动的手工讲师，教小朋友们做灯笼。面对孩子们的喜欢、其他家长的肯定，小林妈妈变得越来越积极。班级中的许多事情，我时常请她出谋划策，以真诚的心倾听家长的看法、建议，挖掘家长的资源，认可家长的能力，采纳家长的建议，让家长感受到被尊重、被需要、被认可，内生家庭教育自信，形成教育合力，助力学生成长。

案例反思

　　当小林转入班级时，作为教师，我应当及时且全面地了解孩子及孩子的父母，尽早与他们沟通，努力达成教育理念的一致，而不是等到冲突发生时才发现问题。教师应当以极高的教育敏感与专业水平将这类问题扼杀在摇篮中，或防微杜渐，通过看到现象背后的问题、研究问题，走近家长和学生，在了解他们的同时给予适当的帮助，打开心结，积极引导。这是形成家校合力的关键。

（浙江省金华市武义县芦北小学　巩淑青）

事件 11：家长因孩子被调皮生影响得理不饶人，
怎么办？

案例呈现

一节劳动课上，坐在前后桌的东东和可可因为座位空间的问题发生争执，在课堂上扭打起来。一向脾气暴躁的东东动手抓了可可的脸颊，使可可的脸上留下了淤青。我在调解教育过后分别给东东爸爸和可可妈妈说明了情况，东东爸爸委托我帮忙安抚可可父母并表达了歉意。

第二天，可可妈妈再次联系我："老师，你能不能出来一下？我已经在学校门口了。"她情绪十分激动，强烈要求学校出面解决此事，甚至提出"全班家长都希望东东转学"的说法。原来，东东和可可"积怨已深"。东东个性张扬，不善人际交往，更是在情绪上难以自控，入学至今和不少班级里的孩子发生过矛盾。早在一年级时，东东和可可就发生过肢体冲突。东东父母向来格外袒护孩子，当时的班主任跟进了一个月，东东父母才向可可父母道了歉。而这次，东东父母仍然没有主动联系可可父母，这让可可妈妈忍无可忍，直接找了学校，在没有和我沟通的情况下直接给学生事务中心打了投诉电话。

面对情绪激动的可可妈妈，我立刻联系了学生处主任、年级主任和另外一名科任老师，在学生事务中心接待了怒气冲冲的可可妈妈。

案例分析

这是一个由学生冲突引发家长冲突，最终上升为家校冲突的案例。积攒已久的矛盾和怨气没有得到有效化解，面对又一次的肢体冲突，护子心切的家长不再愿意接受教师的调解，直接来到学校兴师问罪。具体分析，有以下几个因素：

其一，东东的行为问题是冲突的根本。东东脾气火爆，行为举止粗鲁，从入学起就表现出不善处理人际交往问题。在他身上，恶作剧、拿别人的东西、爆粗口等不文明行为时有发生，并往往因此引起和同学之间的矛盾并上升至肢体上的冲突。不同于其他同龄学生的打架，东东每次发生冲突时情绪都异常激动，面露凶色，常常扬起拳头狠狠砸向与其发生冲突的同学。尽管教师多次教育，但是东东的行为问题并没有得到改善，甚至愈演愈烈。屡次累积的事件也让同学们和其他学生家长对东东形成了暴力顽劣的刻板印象，一提到他就产生负面联想。

其二，当事人家长的态度和教子观是冲突的助推器。对东东的行为问题，历任教师都与其父母进行过沟通，并建议其父母带孩子去医院检查是否有多动症倾向。然而，教师的建议并没有引起父母的重视。东东的父母认为小孩子之间的矛盾和打闹是很寻常的，在学校批评教育就可以，没有必要联系家长，让家长出面道歉解决，因此每每遇到东东与其他同学发生冲突时，东东父母的态度都表现得较为消极。这一定程度上也影响了东东对暴力事件后果严重性的认识。另外，东东爸爸平时在教育东东时手段也比较粗鲁，有时会辱骂孩子或者用暴力的手段惩戒孩子，而东东妈妈也会在家常聊天时发泄情绪，把成年人的谈话内容毫不避讳地讲给孩子听。这些都无形中助长了东东处理问题时暴力、粗鲁、不在意他人感受的行为方式。

其三，护子心切的家长将冲突升级、扩大。这次冲突的另一当事人可可妈妈是班级的家委，因此在班级里有一定的影响力。她也是一位全职太太，平日里发朋友圈的动态都围绕着女儿点点滴滴的成长和进步，足以看出她对女儿的日常生活格外上心。由于可可在这次冲突事件中脸颊上留下淤青，加之可可和东东在一年级就有过一次不愉快的经历，可可妈妈对东东及其父母印象极差，更对东东这么长时间以来行为问题没有得到解决感到不满。因此，护子心切的可可妈妈在情绪的支配下，把此次冲突升级、扩大，直接出面宣称要代表全班家长和学校沟通此事。

解决策略

1. 面对面沟通，了解家长诉求

面对怒火中烧的可可妈妈，化解矛盾的第一步是要先平息怒火。相对于微信沟通时冷冰冰的文字或电话沟通时只有声音、没有表情的交流，当面沟通是更直接和高效的方式。因此，我第一时间联系了学生处主任、年级主任和另外一名科任老师，在学生事务中心接待了可可妈妈，用实际行动表达出校方对可可妈妈此次到访的重视。在交谈的过程中，校方给予可可妈妈充分的时间让她倾诉想法与感受，倾听她的需求。这样处理使沟通更加快捷、高效，也能第一时间了解家长的诉求，平息家长的怒火，避免事态向不可控制的方向发展。

2. 深度交流，直面教育问题

其实，东东的行为问题并不是三年级才显露的，而是早在一年级入学不久后就频频出现。当时班主任也与家长进行了沟通，但并没有引起他们足够的重视。二年级时，东东也曾和同学发生过一次较为严重的肢体冲突。当时班主任约了东东爸爸来校面谈，指出他平时教育孩子的粗暴行为造成的不良后果，但是似乎都没有引起家长的深刻反思。这次事件发生后，我们再次邀请东东父母来学校进行沟通。教育的作用必须由学校和家庭形成合力，而家庭内部父母双方的意见又必须统一，才能给孩子以正确的引导。在约谈中，能明显感受到东东父母对班级其他家长处理问题的方式不满，以及对自家孩子的祖护。于是，我们从孩子的身心发展和人际交往的角度出发，向他们指出对孩子进行干预的必要性和迫切性，让家长感受到校方是和他们站在同一个战线来关爱孩子、帮助孩子的。当晚约谈后，东东父母表示要带领东东登门向可可赔礼道歉，并继续采取其他更加专业的举措来帮助孩子解决行为问题。

但可可妈妈并没有接受东东父母的道歉，并再次表示她代表的是全班家长的意愿。可以看出，她对学校的处理结果并不满意，甚至希望利用舆论压力达到让东东转学的目的。面对可可妈妈不合理的诉求，我一方面安抚可可妈妈的情绪，另一方面私下联系其他曾和东东发生过冲突的学生的家长，了解他们的真实想法，并向他们转达学校和东东父母正在进行的努力。通过电话沟通，我了解到班级其他家长虽然也很关心这次事件的后续，但并没有表达希望东东转学的要求。有些家长看到学校维护东东的受教育权，表达了支持和肯定。因此，转学的舆论压力在一个个电话沟通中被逐个击破。

3. 家校携手，从根源上解决问题

风波已经平息，但是根本问题还没有解决。东东行为问题的改善并不能一蹴而就，需要时间的沉淀、专业的支持、老师的帮助和家长的耐心。此次事件过后，学生处给全体班级科任老师召开了班级会议，说明东东的情况，希望每一任科任老师都能给予东东充分的关注，在东东情绪失控时第一时间去调解、安抚，避免暴力事件再次发生。与此同时，我和东东父母保持密切沟通，遇到问题会第一时间反馈给他们，让他们能够准确了解东东在校的表现。最后，东东父母也联系了社区的少儿心理辅导中心，定期陪伴东东去辅导中心参与个性化的训练，并且与东东共同设立可视化的成长目标，帮助东东一同纠正行为问题。相信在时间的沉淀下，东东的情况能有所改善。

案例反思

教师是家校沟通的桥梁。家长和学校考虑问题的视角不同，难免会产生矛盾。一个有智慧的教师应该发挥润滑剂的作用，在家校间出现冲突时巧妙运用语言魅力和心理战术化解，让家长了解家校的出发点是相同的：一切为了孩子，为了一切孩子。当然，家校沟通的功夫更要花在平时，乐于沟通、勤于沟通、善于沟通，才不会让矛盾积攒、升级甚至爆发。这对教师既是工作要求，也是专业考验。

（广东省深圳实验光明学校　杜中玉）

第四章

偶发事件

看似"偶发"的事件，实则含有"必然"性；称作"偶发"，其实"常发"。处理得好，常常就是班级特色文化建立的重要契机。教师工作之所以充满灵活性和创造性，也正是因为对"常发"的偶发事件的及时、恰当处理。

理解偶发事件可从"偶发"和"事件"两个角度分析。"偶发"主要指事件发生的"突然、紧急、可能后果"；"事件"主要看性质，除去特殊灾难性事件外，大多数可划到师生、生生、家校的类别框架中去理解。偶发也称"突发"，解决突发事件的做法一般称为"应对"。应对的要义在于"迅速、协同、尽最大努力"。

在偶发事件的应对框架中，要把目标定为"生命第一、预案在先、迅即处理"，把原则定为"保护学生安全、增强防护意识、建立响应制度"，把环节定为"保持镇静、发动协作、组织善后"。应对偶发事件操作环节的"三部曲"具体为：事发时，保持沉着镇定，启动应对机制；处置时，调用一切力量，多方合力协作；善后时，分层心理安抚，顺势强化教育。从教育视角看，教师在应对偶发事件中，要让学生从中学习到自主、自律、自觉、自治、合作等品质。

预防是应对突发事件的根本。教师应制定"偶发事件应对机制措施"和"紧急情况协助人员名单"，放在桌面备用。

事件1："失宠"心理引发情绪问题，怎么办？

案例呈现

这件事发生在几年前秋季班级军训期间。结营仪式前一天，教官临时通知每个班要出一两个节目，在结营仪式上演出。由于时间紧迫，我找班干部商议，决定启用班级在春季十岁成长礼上女生组的中国舞和男生组的跆拳道节目。只有当晚两个小时的排练时间，音乐委员霖儿负责排练中国舞，我则陪男生排练。

不一会儿，霖儿急匆匆跑来告诉我丹拒绝参与排练，还耍性子，排练进行不下去了。我赶紧随霖儿来到女生排练场，只见丹悻悻地坐在场边的长椅上。我问她为什么不参加排练，丹气呼呼地甩出来一句："凭什么是她站C位？凭什么替换我？我就知道她们总看我不顺眼。"然后，埋头哭了起来，一副很委屈的模样。我回看站在身后的霖儿，她一脸无辜，双手一摊。我让霖儿当着我和丹的面说说刚才发生了什么。霖儿说因为舞蹈间隔了半年，很多同学记不清动作了。楚楚记得全，就让她站在正中间领舞了……

"楚楚是你的闺蜜，谁不知道！"丹生气地说。

霖儿没有辩解，解释道："楚楚后来不连忙说和你调位吗？你还是不参加。"

"我才不要别人的施舍！"

"丹，你不要太过分！"看她继续无理取闹的样子，我忍不住直接教训她了。时间紧迫，我转身对其他女生说："丹不愿参加也就不勉强了。你们马上重新编排队形，汇演重在参与。只有一个小时左右的排练时间了，安心练习吧。"

"我就知道会是这样！"丹哭着跑了。

唉，"公主病"又犯了！我示意霖儿带着大家排练，转身叫丹停下来，等我单独和她聊。她丝毫不理，径直向宿舍跑去。我喘着气追到宿舍，只见她蒙住头继续哭。

我意识到刚才处理问题急躁了些，便走过去，轻轻地抚摸她的头，解释道："对不起，因为只有今晚两小时排练时间，已经过去快一半了，刚才着急没顾及你的感受，有什么委屈说出来好吗？""没什么好说的！反正你只相信她们的话！""怎么这样认为？是哪些事让你觉得我偏心了呀？""比如轩，还有……算了……不说了。"我不禁愕然。

平心而论，我向来对新转入的学生会有意关注更多，给予更多优先机会。丹口中的轩，是和她同时转来的新同学。但由于丹才艺更突出，相比之下，丹机会更多。为何她反而认为我偏心？我笑着提醒她："要说我偏心的话，还真是呢。我把好多宝贵的机会都给了一位同学，比如国旗下讲话、大队委竞选……"她似乎被触动了一下，哭声小了些，不再嘟囔。其他同学马上也要回宿舍了，我说："看来你对我有不少误会呢，到底问题出在哪儿？今晚我们俩都好好想想，以后找机会再聊聊。"

案例分析

丹是四年级上学期新转入班级的学生。大半年来，我总觉得丹变得孤僻了些。我从她的日记里了解到，她认为妈妈偏心，总拿她和妹妹比较，也拿她和同时转入的轩比较，让她很苦恼。为此，我也和她妈妈谈过。没想到，丹觉得我也偏心。被她视为"假想敌"的轩，性格温和，很有数学天赋，爱钻研，也乐于助人，入班不久就竞选上了数学课代表；加之轩是个三国迷，各种版本的《三国演义》都看过，我就建议他成立一个"三国书社"，带着大家读历史，所以他身边成天围着一群人，有点前呼后拥的样子。

其实，丹人缘也不错。记得转入班级不久，丹就在班级童话剧展演中崭露头角。她第一个拿出自己改写的童话剧本，排练过程组织到位，展现出表演天赋和组织才能，节目最终获得特等奖。运动会上，丹报名立定跳远，每天早早到校练习，练得太多，导致肌肉拉伤，不能参赛，但主动承担了运动会宣传写稿的工作，组织同学们把宣传稿写得像小画报一样。因此，四年级下学期，当学校要求每班选出一名大队委员候选人时，丹高票胜出。

细细想来，丹的行为变化是从当选了大队委员之后。小组轮做值日时，她常常没空参加，导致小组同学有些怨气。至于她认为女生"孤立"她的说法，事后我找了多名女生私下交流，大家普遍认为丹有些"清高"，课间爱自己一个人捧着书读，或者是去找邻班同为大队委员的萌萌玩。大家也各自有要好的同学，只是没有主动去找丹，没觉得是孤立她。

是什么让丹感受不到身边人的友好与善意？一个家境好、资质好，在班级得到重视的孩子，内心似乎依然缺乏安全感，对身边的人缺乏信任，根本原因在哪里？这次丹的言行让我陷入反思，一度迷茫。

解决策略

1. 淡化矛盾，换个角度看问题

在解决"C位风波"这件事上，我采取了淡化处理的方式。本来就是一个女孩子一时撒气，何况她的退出并未对集体造成多大影响。结营仪式上，本班还被授予优秀连队锦旗。回校总结时，我只字未提排练中的小插曲，而是让班长将优秀连队锦旗挂在讲台正前方，告诉大家这是全班同学又一特殊成长经历的见证，并引导同学们回顾四年级以来难忘的成长大事件，写一篇回忆录，放在成长记录袋里。丹的回忆录写的是自己竞选大队委的经历，她回顾了同学们如何全力以赴协助她拉票和现场为她摇旗呐喊的情景。

孩子的心都是柔软的，也是脆弱的。一个人内心是否有足够的安全感，与原生家庭和成长经历有很大关系。我决定再和丹妈深入交谈，了解她在之前学校的一些情况。丹妈告诉我丹之前的班主任很年轻，丹从小爱表现，又乖巧懂事，因此在以前的班级，丹一直是小老师身份的存在。三年都是班长，各类才艺演出她都是主角，还曾是学校六一汇演的小主持人。我有些明白了：这个曾经"集万千宠爱于一身"的丹，转入新班级，面对新的班级文化，有"失宠"之感也不足为怪了。

2. 由表及里，"变道"启悟巧走心

发现了问题的症结所在，如何进一步和丹沟通，让她发自内心地转变对身边人的认识、个人与集体关系的认识呢？丹爱看书，那就以书为媒吧。我通过小组共读一本书的方式，有意安排丹的小组阅读《被讨厌的勇气》，让她代表小组在班级分享心得；同时在班级漂流阅读《写给儿童的哲学启蒙书》，组织学生在小组内讨论、班级内辩论，聚焦一个核心观点下的多角度思考；班级实行议事制，常常组织头脑风暴，引导学生多角度看问题；开展"心灵独白"式的日记体写作，引导学生多角度思考发生在自己身上或身边的事情……

五年级下学期，丹找到我说，她想辞去大队委员职务，愿意花更多时间在班级和同学们相处。我立即答应了她的请求，同时也表达了我内心的真实想法：当时鼓励她参加大队委员选举，是觉得她完全有能力胜任；没考虑到的是大队委员工作占据了她很多精力，使她减少了与班级同学之间的亲密交往。丹点点头，说再也不想成为同学们心中"熟悉的陌生人"。

3. 深度融入，多元互动增友谊

丹"回归"班级后，我计划引导她积极参与和组织各类活动，促进她深度融入班级，增强获得感。我鼓励丹暑假期间成立小区阅读俱乐部，这是班级阅读小组的升级版。建议她招募邻里同伴，打破班级、年龄界限，并让她邀请妈妈做"军师"，积累经验，秋季开学分享。丹的小区阅读俱乐部很快得以成立，而且还申请到小区活动室作为活动场地。暑假开展活动中，她不断复盘，形成了比较完善的运行规则。新学期开学，丹在班级进行了分享。大家很感兴趣，后续她也积极参与其他俱乐部活动。

与此同时，班级组织架构同步升级。班级事务采取分类"承包"制，班级岗位履行从过去的个体岗位发展到团队职责承担、部长轮岗制度等；还结合学校寒暑假 PBL 研究项目，引导学生自发成立兴趣小组（或小社团），定期开展线上线下的交流活动。如此一来，班级中的每个人都因为多了互动交流机会，打破了之前因为地缘形成的内部相对固定的交往群体，让孩子们有机会与更多人建立联系。丹也因此交了更多朋友，班级内同学之间的互动也多元而灵动起来，一种新的班级情感文明在悄然生长……

案例反思

"C 位事件"给我最大的触动就是：我们要格外关注有着特殊经历的学生的心理动态，比如中途转学进来的学生、家庭突然出现变故的学生。生活中，孩子们可能会遇到影响他们内心稳定的"关键事件"，左右他们的情绪和行为，但他们又不愿意说或者没机会说，我们并不了解。如果这时仅凭他们的外在表现去评判，很可能误会或误伤孩子。因此，教师一定要善于观察孩子的异动情况，平时与家长和学生保持良好的沟通。只有彼此信任，才有可能走进他们的内心，给予适切的引导。

［广东省深圳市南山外国语学校（集团）第二实验学校　王怀玉］

事件 2：班级突然出现多人丢书现象，怎么办？

小权前几天自己不小心弄丢了一支笔和一个涂改带。接着，班里接二连三地出现丢书的怪现象。班级一时躁动不安，学生之间也是互相猜忌。

"老师，我的数学书又不见了！"那天上午，我一踏进教室，小权就火急火燎地向我汇报。他因为近期丢东西的事情，已经有好几天上课都静不下心来。"老师，我认为是有人故意偷的！我知道，隔壁班也好些同学丢书了！"他忽地站起来，说得义愤填膺。这孩子，平时也总是见不得风吹草动，一有情况，便习惯性信口推测、添油加醋。班上，尤其是那些男孩子，哪经得起他这样的煽风点火，眼看班级井然的秩序就要被这突如其来的事件搅乱。

"可是，谁又会去偷课本呢？而且还是偷大家人人都有的课本。难不成这个小偷为学习而偷书？真是爱学习的小偷！别人是学一本数学书，他非要学两本？我们大家是否还要向这位奇怪的小偷学习呢？"为了缓和班级的气氛，我故意调侃，这调侃顿时引起了哄堂大笑。笑罢，孩子们也都开始陷入对丢书事件的深思。"是有人拿错了书吧。"他们纷纷发言。"嗯，很有可能啊！""一不小心，就把别人的书收到自己书包了吧。"

看来，立马查一查，用事实来说话是必然的选择。我快步走上讲台，顺势提醒道："好，现在请注意，每个同学，仔细翻找自己的抽屉和书包，看看有没有小权同学的数学书。"孩子们立刻行动，全班好一阵狂找！但是，我看到的是他们找完之后遗憾的目光。

一波未平，一波又起。晚上，班级家长群里也开始躁动起来。小权妈妈在群里求助："各位家长晚上好，打扰一下，小权的数学书找不到了，麻烦大家让孩子在书包里找一下，谢谢大家！"接下来，群里的家长又一顿在家找，结果还是没有找到。"俺们家小龙的音乐书也不见了，看看有没有误收在哪位同学的书包了。多谢！"又一位家长因帮忙找书发现自己孩子的书也丢了。"什么情况啊，我家的口算书也不见了！"小冰的家长话中分明有话。"小雯的英语书这周四也不见了。"一口气，连续四位家长在群里反映孩子丢书的事情。丢书事件朝严重的方向发展了。家长们的责问让一向淡定的我不免也有些焦急与疑惑，这事得马上解决！

案例分析

这件事发生在开学初，学生才从假期返校，班级当时正在开展"学习小伙伴"活动。虽然班级丢失物品是常有的事，但是突然这么多孩子的书丢了，而且还是常用的课本，凭经验与直觉，我认为事情有两种可能：一种是学生相互拿错书，另一种是班上的确有人故意恶作剧。所以，当学生质疑班级出现了小偷时，我故意调侃班级竟然出现了爱学习的小偷，引导学生从更客观的角度去看待这个问题。

为了排查推测，第一次调查，我及时让学生自己查找书包，看是不是不小心拿错了他人的书，但是我忽略了学生本来就缺乏物品整理的好习惯，自查不一定能马上查出来。后来因为要进行广播操比赛，所以我暂且将此事搁置。

但是，当天晚上，班级家长就在家长群进行责问，所以第二天一大早，我立马来到教室调查。看到小权，我迫不及待地问："你的数学书丢了，找到了没有？"我本打算当一次福尔摩斯，将此事的来龙去脉细细调查，找出点蛛丝马迹。哪知他头也不抬，轻描淡写地答道："找到了，在小言的书包里。"事情突然有了转机。怎么回事？那天，大家不都翻书包找了吗？我立马询问小言。小言低着头，支支吾吾："老师……那天我没太仔细看书包里……"原来，小言和小权坐在一排，这俩人是学习小伙伴，应该是相互交换书检查时出差错了。哦，原来如此！这两个男孩平日里稀里糊涂的行为也真是耽误事。

接着，我又询问另外几本书的下落，结果惊人地相似——一本在同学的书包里找到，一本在自己家里找到，还有一本在音乐室找到。在家找到书的之所以说丢了，是因为家长受当时丢书事件的影响，发现书不在孩子书包时，很不冷静地就在家长群里发出责问。后来孩子做完作业，收拾书桌，发现书就在家里。真相大白了，事情也解决了，可我的心久久不能平静……

那么，我们到底应该怎么做才能从源头上解决问题，让家长重新重视和明白这个道理呢？我立马作出一个决定，抓住这个教育契机在班级开展了"告别丢三落四，养成整理好习惯"的系列班级教育活动。从价值观层面深度介入，让孩子们初步学会理性判断。

解决策略

1. 群里宣传，呼吁重视

我首先在班级家长群里以调查报告的全程纪实方式对此次丢书事件进行了全方位的通报，通过分析事情的前因后果，让家长明白丢书事件是孩子们丢三落四的不良习惯所导致，呼吁家长务必重视自己孩子生活习惯的养成问题。

我告诉家长，一切问题的核心是习惯的问题。孩子的习惯需要家校通力合作来养成。家长平时在家要注重培养学生良好的生活习惯，帮助孩子养成独立自理、做事有条理、自己的事情自己做、保管物品的好习惯。为了让家长有法可学，我还在群里及时分享了一篇题为《孩子总是丢三落四？六步让孩子养成好习惯！》的家庭教育文摘。一时间，家长群里，学习反思氛围浓厚，家长们纷纷表示感谢与认同。

2. 召开班会，提供方法

周一下午刚好是班会课，我及时召开了"告别丢三落四，养成整理好习惯"的主题班会，让学生通过身边发生的真实丢书事件，反思自己的日常生活学习习惯，同时结合学校的丢衣服事件对学生进行同步教育。班会上，我让孩子们自己想办法去避免丢三落四，还特意讲了我自己在剪刀上贴姓名以防止丢失的做法。"自从贴上标签，我的剪刀再也不怕丢了！"孩子们听到我又一次调侃，再次哄堂大笑起来。

放学之前，我给孩子们布置了一个特别的作业——给自己的衣物及学习用具贴上标签，写上班级、姓名。我强调一定要自己回家独立动手完成，家长负责拍照，完成后挑选 1~3 张照片发给老师。

3. 特别作业，互晒互学

当天晚上，我便陆陆续续地收到了照片。从照片上看，孩子们无一例外地特别认真且专注。我知道，一张照片就是一位家长的全情参与，就是一位家长的教育力量。所以，我不厌其烦地一张一张地回复，对家长和孩子进行表扬、肯定。

第二天，我特意在班上进行照片展示，让全班同学欣赏，鼓励没来得及分享的学生可以继续分享。同时，也把这些照片发到班级家长群，让家长欣赏。不承想，当晚家长群出现了现场晒照片的盛况。家长们互相点赞，争相晒自己孩子在家主动整理衣物的照片，群里好一番热闹！因为得到了家长的赞许，孩子们更是比着做，这种劲头也影响了家长。

我知道，其实接下来就主要是靠家长了，所以我在群里强调："家长如果能坚持鼓励孩子，孩子就能坚持做好。"有家长甚至提出可以每周评比家庭整理之星，因为家长看到了效果，也想把这种方法带到家庭教育的日常管理中去。看来，主动参与孩子教育的种子已经悄悄地播撒在家长们的心里了。至此，班级的丢书事件终于以一个特别的方式圆满解决了。

案例反思

　　这些书失而复得的背后，折射出的正是我们学校教育与家庭教育的缺失，折射出的是学生丢三落四的不良生活习惯，折射出的是当孩子出现问题后家长不正确、不科学的处理方式——家长习惯于不调查只责问，习惯于不反思只包办。这种生活的不良习惯也严重影响了孩子的学习习惯，学习上也存在严重的丢三落四现象。因此，教师在开展工作时，要善于通过学生的"问题"反观家庭教育中需要加强和改进的地方，然后适时引导，家校携手形成教育合力。

（广东省深圳市松坪学校　赵霞）

事件3：孩子受伤后爸爸教孩子以暴制暴，怎么办？

~~~~~~~~~~

案例呈现

"出事了！出事了！"还未见其人，便听到我班体育委员大嗓门高喊着。我赶紧起身，与急吼吼跑来的他撞了个满怀，他一把拉起我就要往外走，边走边说："叶老师，小潘的小鸡鸡完蛋了。"我马上问："在哪里？""校医室！"我立马朝校医室飞奔过去。

来到校医室，了解到小潘的下体伤势是皮外伤，但为了安全起见，还是要去医院检查一下。校医已经告知了家长，他们在来的路上。我趁此找了几个同学了解当时的情况。体育课上，队伍前面的俊俊往后面蹭了一下，把为课间下五子棋的事而争吵的小潘和小刚撞倒在地。这时，本有怒气的两个人顿时扭打起来，小潘使劲戳小刚的脸庞，小刚也不甘示弱用膀子使劲撞向小潘。只听"啊"的一声，小潘紧急捂住下体，顿时号啕大哭。这便有了刚才校医室的一幕。

我正在考虑怎么处理，如何与家长沟通时，小潘的电话手表响了起来。原来孩子在我没到之前，已经通过电话手表给妈妈打了电话，妈妈又告诉了孩子爸爸。我示意孩子打开免提，只听见小潘爸爸在电话那端大声吼叫着："喂，你怎么这么无能？还让别人给打了，今天你给我狠狠地打回去，你不打回去，回来我打你一顿！"我一脸愕然。恰好此时小刚爸爸匆匆赶来了。

他查看了一下小潘的伤势，来了一句："小孩儿之间扭打是常事，没什么大惊小怪的嘛。"孰料此时小潘爸爸的电话并未挂断，他听到了小刚爸爸的话，只听见电话里近乎咆哮道："好啊！伤的不是你家孩子你就认为没事，你别走，我马上到！"

眼看一起意外事件还没处理好，又引来了两个并不在现场的家长之间的"剑拔弩张"。作为教师，我该如何得当地处理这场突发事件？

案例分析

这是一起由学生与学生之间引发的矛盾冲突，但双方爸爸语言表达上的不当，很可能导致家长之间的冲突升级。面对这一突发事件，教师除了合理解决学生间的问题，还要及时将家长间的矛盾冲突化解于萌芽状态，实在棘手。回顾这起事件，孩子与家长存在如下情况：

孩子：首先是情绪控制问题，从属于同伴相处问题。从玩闹到扭打，双方的情绪管理能力都需要加强。小刚在盛怒时下意识猛压小潘的隐私部位，对可能造成的严重后果没有预判。从两位爸爸的言语和态度中可以看出他俩都属于护犊子式家长，对孩子缺乏正确的引导。这也许是孩子遇到冲突时选择以暴制暴的隐性因素。

家长：情绪管理、家庭教育观念问题。小潘爸爸一听说自己孩子被打，把"打回去"作为解决事情的方法，小刚爸爸则态度淡漠。反思之下就会发现：除情绪不够冷静外，双方都站在"如何不让自己孩子吃亏"的立场上，而没有意识到这件事的教育契机，对孩子缺乏正确的引导，也显现出双方的家庭教育观念存在问题。

面对学生冲突和可能引发的家长间的冲突升级，教师如何把握事件发展走向，将事情控制在可控范围，并解决得让双方口服心服，同时还让家长意识到自身的教育方式有问题，考验着教师的应变能力、教育立场和教育魄力。

解决策略

1. 迂回沟通，借力宝妈搞定宝爸

对于这两位爸爸的性格我不了解，平时与两个孩子的妈妈交流多，两位妈妈给我的印象都是很讲道理的，小潘妈妈还是班级家委会成员。因此，情急之下，在小潘爸爸还没到来之前，我赶紧拨通了小潘妈妈的电话，简要介绍了一下当前两位爸爸情绪激动的情况，让小潘妈妈赶紧打电话给小潘爸爸回去接上她一起来学校，这样就拖延了小潘爸爸到校与小刚爸爸正面交锋的时间。与此同时，我把小刚爸爸拉到一边，跟他说："万幸本次是皮外伤，但是小刚在同学打斗中有意冲撞对方的隐私部位这个行为是必须杜绝的，如果今后再犯，将会是什么后果？我们保护自己的孩子，是让他知道不做危险的事情，而不是在某件事上争输赢。"看着小刚爸爸若有所思的模样，我抓住家长过度保护孩子的心理，进一步引导设想："假如本次冲突升级为家长之间的矛盾，对方家长在背后'教唆'孩子也这样冲撞你儿子的隐私部位，你愿意看到吗？"

小刚爸爸觉得我分析在理，就问我当前他怎么做最合适。我建议他带着小潘去医院检查，用主动承担责任的态度消除对方家长的怒气，剩下的事情交给我。

就这样，我联系体育老师和小刚爸爸一起带着小潘直接去医院检查。支开小刚爸爸后，我又赶紧打电话给小刚妈妈，让她赶紧来校医室接小刚同学回家，同时向即将赶到的小潘父母主动道个歉，毕竟是自己孩子伤了人家孩子，希望她将心比心。小刚妈妈满口答应。

我邀请两位妈妈及时介入，避免了两位情绪激动的爸爸正面交锋。不一会儿，体育老师发来检查报告。经过医院检查，小潘的隐私部位并无大碍，双方父母也都放下心来。两位妈妈主动握手言和，化解了这场可能出现的家长间的危机。

2. 面向全班，开展同伴相处教育

这件事当晚得到了有效处理。第二天，我借助语文课，通过绘本故事《不是我的错》，结合体育课后发生的这起事件，引导学生认识到当冲突发生时，作为集体中的一员，谁也不能独善其身，交流当事人双方应该怎么做，班干部和现场同学应该怎么做，才能更好地化解冲突。

首先，教导孩子学会管理情绪。在情绪激怒的情况下，不适宜采取以牙还牙的方法，而要学会宣泄不良情绪。例如，在盛怒时，不妨赶快跑到其他地方，或者做点体力活，或者跑一圈，这样能释放压力，让心情变得舒畅。

其次，进行"身体红绿灯"的教育。让孩子懂得身体的哪些部分是红灯区、黄灯区、绿灯区。对于身体禁区，别人不能看也不能触摸，任何情况下都不能压撞、扭打。

最后，亲身示范，直观引导孩子学会正当防卫，懂得防守，学会寻求帮助，避免防卫过当，不使用暴力。

3. 面向家长，普及科学教育观念

通过家长会来引导家长转变教育理念。孩子发生矛盾，家长先需冷静，对于孩子的管教，不是被打了还击回去，也不是没事就好的简单态度，在同伴相处方面要有一套科学的方法。

首先，家长要教给孩子一些基本的社交技能。

（1）引导孩子深度倾听与共情。比如教孩子用"我理解你……"句式回应他人情绪。

（2）引导孩子处理分歧的技巧。先肯定对方观点，再提出自己的想法，最后寻求共识；并教孩子学会妥协与让步，比如提议"这次我先玩你的乐高，下次你可以玩我的悠悠球"。

（3）教会孩子维护友谊的小技巧。记住细节，鼓励孩子观察朋友的喜好，比如记住对方生日、喜欢的零食，适时表达关心；主动澄清误会，比如写便条或私下解释自己不是故意做某事的。

其次，家长不进行枯燥、单一的说教，而是给予具体、有效的示范，帮

助孩子掌握与同伴相处的方法。比如，见面时主动打招呼，给同伴一个微笑，当同伴遇到困难时，主动给予关心和帮助，想要发怒时，在心里默数"1、2、3、4、5"，让自己冷静。当同伴做了让自己不舒服的事时，用有力量的语言告诉他："你的做法让我感到不舒服，请你不要这样做。"教这些方法的时候，要让孩子清楚地看到自己的动作、表情，听清楚自己的语言，并试着模仿练习。这样，当孩子再遇到类似情况时，才能真的做到活学活用。

案例反思

事情能够圆满解决，除了运用教育智慧，还得益于平时与学生妈妈的沟通比较走心。平时面对学生和家长，做到了用心至上，用情至深，情感基础一旦建立，处理班级事情时有情感的支持，更容易化解危机。

学生的相处问题、情绪管理问题是一个老大难问题，老师需要分别引导孩子与家长，普及非常具体的、可视化的方法，并坚持长久跟踪管理。久而久之，才能营造出班级良好的相处氛围。对中低年级的孩子，如果一味地空洞说教，孩子会视若茫然，教师则会殚精竭虑却收效甚微。

（广东省深圳市梅华小学　叶斐林）

事件4：学生与科任老师发生激烈冲突，怎么办？

"林老师，大事不好，你班的小曼同学要打陈老师，说要跟陈老师拼了，拼不赢就跳楼，情绪非常激动。你赶紧过来，几个人都拉不住她。"电话那头是小吴老师急切的声音。我赶紧赶到现场，只见小曼被几个老师紧紧从身后抱住，但她依然拳打脚踢，两眼狠狠地瞪着陈老师，大声嚷着："凭什么看我不顺眼？我就是跟你拼了……"陈老师显然也很激动，涨红着脸，大声回应："怎么，你还要打我啊！吃了豹子胆了……"

我连连给陈老师道歉，说是我没教育好这孩子，接下来的事情我来处理，然后示意其他同事带陈老师离开现场。

小曼看见我，并没有停下来的意思，反而嚷嚷得更大声了，拼命想挣脱抱着她的老师，似乎还要去追陈老师……看样子受到了极大的委屈。我没有立即上前制止，转向学校门外的小卖部买了一瓶柠檬茶，回来时发现她的哭声小了。我将柠檬茶和纸巾递过去，从同事怀里揽过小曼，示意同事回办公室休息。

小曼不再咆哮，止不住地抽泣。我用手轻轻拍着她的后背，轻声说："你和陈老师之间一定有什么误会，让你感到了莫大的委屈，你才这么伤心的。我理解你，你能不能告诉我发生了什么，我真心希望帮到你。"

小曼这才缓缓地告诉我，在刚结束的模拟考试过程中，她答完题目就趴在桌子上，陈老师见状走过去提醒她考试不能睡觉。她反驳了一下，陈老师就发火了，抓起她的试卷看了一眼，说还有那么多空白和错误，不认真检查还顶撞。小曼说感觉陈老师一直看她不顺眼，在英语课堂上分明是同桌违反纪律，陈老师却总是批评她。小曼就说了一句"偏心眼"，没想到交卷时陈老师让她留下来，说要带她找林老师，小曼就发作了……

案例分析

作为教师，听到小曼讲出这些话，我内心有些震惊。陈老师作为我的年轻同事，平时对学生要求确实比较严格，方法可能有点儿过激。显然考场上的那几句话只是一个导火索，看来师生积怨已久。可是，师生之间能有多大"深仇大恨"，竟然让这孩子说出要跳楼？万一孩子冲动又没被老师发现，那该是怎样的结果？小曼到底是个怎样的孩子？她的内心到底还有哪些心思我没发现？我在借故去买柠檬茶的途中，尽力回想着日常关于她的一幕幕。

小曼在学校给我的印象是安静内向，和同学交流较少，平时上学也是独来独往，似乎没有特别要好的朋友，但是画画十分出色。我也和小曼家长有过一些沟通，知道小曼在家孝顺乖巧，从不用家长操心。

这孩子家境一般，父母老来得女，对小曼百般疼爱。小曼母亲在工厂上班，经常加班，回家较晚；父亲在外工作，一个月才回一趟家，平时顾不上小曼。但乖巧孝顺的小曼总能让妈妈放心，平时会安排好自己的居家生活。小曼妈妈崇尚"放手教育"，觉得读书靠天赋，一切顺其自然，孩子健康、快乐就好。在这样的理念影响下，小曼对学习也"无所谓"，滋生了差不多就行的心态。

陈老师年轻，对工作认真负责，平时对学生要求严格，非常有原则性。小曼的"无所谓"心态，任务性地完成作业，与陈老师的高要求显得格格不入。我在平时工作中时不时能听到陈老师的唠叨，反映这孩子不上进，每次提醒她，总是无济于事，还当众顶撞。

小曼觉得陈老师很"烦"，平时总是针对她，小题大做，一个符号没写工整就要被批评，而且她刚才觉得自己只是趴着并没有睡觉，陈老师错怪了她，还拿卷子"打"她，让她感觉很气愤。

而陈老师认为自己的做法没有违反规则。她及时提醒学生检查，是对学生负责的表现，没想到这孩子不但不听劝告还大发脾气，当时她也被激怒了，事后颇感郁闷、无奈。

作为教师，之前我也多次委婉地与陈老师沟通过，教育需要循序渐进，需要走进孩子的心，特别是对孩子说话讲究表达技巧。但陈老师毕竟年轻气盛，有时还是拿捏不好，考场冲突就是例证。

这件事情也给班级其他学生带来了一些影响。毕竟他们才是小学三年级学生，有时难辨真假。个别学生悄悄问我："老师，小曼会不会以后真的跳楼？陈老师到底把小曼怎么了？"

面对由偶发事件诱发的次生影响，我陷入沉思，也决定寻找更适当的方式引导小曼转变，同时也要引导全班同学调整心态。

解决策略

班主任面对严格要求的科任老师、低期望的家长和"敌对"的学生，如何处理好三方关系，让彼此关系融洽，建立起积极向上的关系，需要理性和智慧。就本次事情而言，看似突发，实则隐藏着很多诱因，需要进一步梳理、解决，以免类似事情再次发生，否则后果将不堪设想。事后，我也需要对全班学生进行生命教育与心理干预，保证班级积极向上发展。回顾整个事件处理过程，有以下几个有效策略。

1. 倾听共情消除焦虑

对于情绪激动的小曼，首先要做的是帮她平复情绪。我平时给小曼的关爱较多，她比较信任我。当我走到她面前的时候，她低下头不敢看我。当我言明要单独和她待一会儿时，她也表现得很顺从。我带她离开办公室到学校的一片空草地上。离开办公室这个让学生有压力的空间，没有太多语言，只是轻轻揽着她的肩膀，陪她坐着，示意她喝点儿饮料休息一下。我感觉到小曼僵硬的身体渐渐放松下来。沉默了许久，她主动说："老师，我很烦，我刚才不是故意的。"

"老师知道你不是故意的，能跟老师说说你的烦恼吗？"看到我温和的眼神里没有丝毫责备，这孩子诉说了心声：最近妈妈生病了，爸爸又经常不在家，她总担心妈妈离开她，剩下她一个人。夜里总是睡不着，考试前一天她一直没睡好，考试时写完卷子就趴着，精神不好但并没有睡觉。她还表示："陈老师总是'故意'为难我，考场上我已经解释了，她还要揪住不放，我气不过就想打她，但我没有真的打下去，那些老师还在旁边唠唠叨叨，烦死了，就……"我默默地点头呼应，等小曼的情绪慢慢平复下来，才和她聊冲动可能带来的后果，又给她讲了身边因冲动而造成的悲剧故事，进而谈到生命的价值，健康成长对家人、对自己、对社会的重要性。她意识到自己的错误并表示以后不再犯，会去跟陈老师道歉。

2. 开诚布公直面问题

处理好小曼的情绪，送走小曼后，我又单独和陈老师进行了深入的交流。首先表明理解她对学生认真负责的态度，也感受到了她的委屈。当我把小曼最近因为母亲生病等这些背后因素告诉陈老师后，她也愣了一下。我趁机说："学生有时有些过激行为可能是他们心里藏着其他心事，未必是故意顶撞你。因此，当发现学生情绪不对的时候，老师要处理好自己的情绪，尤其不能说过激的话，更不能做出激怒他们的行为，否则就容易把学生推到对立面。"陈老师也承认自己当时没有管理好自己的情绪，我接着又和她分析了班级有几个她平时"数落"得多的孩子背后的家庭因素和学业基础等，让她在今后的教育教学过程中除了关注学生的作业和课堂行为，还要关注学生的情绪状态。

作为比陈老师年长的老师，我还引导她直面问题，认识到这件事可能的严重后果。在关心、安抚陈老师之后，我表示今后她在遇到棘手的问题时可以随时找我一起商议。之后以这件事为例，我又作了复盘分析，引导她作了很多推测，并谈到如果这件事真的往最坏的方向发展，这个家庭怎么办，老师要承担什么责任。我们做德育工作时经常说到"问题孩子"，其实需要大家换个思路，"问题孩子"其实是孩子遇到了"问题"，我们要做的是走进孩子内心，真正看见孩子，陪伴孩子解决问题，走过成长路途中的困惑阶段。如果当时老师能信任学生所说的话，同时多关心一句，问她是不是很累，需不需要帮助，了解了事情的原委后，事情的发展就截然不同，学生会感受到老师的爱。经过此事与我的深入剖析，陈老师意识到自己的处事模式鲁莽简单，表示以后会多关注学生的成长状态，多走进学生的内心。

3. 家校沟通价值引领

我深知发生这么大的事情，小曼回家一定会对家长讲。当天下午我也对小曼说了这件事我和陈老师会直接跟她爸爸沟通，让爸爸理解她，不怪罪她。同时考虑到她妈妈的身体，让她暂时不告诉妈妈，我会找时间去看望她妈妈。当晚我给小曼爸爸打电话，首先询问小曼妈妈的病情，再告诉他白天发生的事情。小曼爸爸感到震惊，他也没想到女儿在老师面前会"撒泼"。沉吟了一会儿，他也承认自己平时陪伴孩子较少，小曼比较乖，平常他们几乎是"放手教育"。这次小曼妈妈生病，他也无暇顾及孩子，疏于关注孩子的情绪。

我顺势提醒这个年龄段的孩子虽然有一定的生活自理能力，但心理承受能力还不足以承担这么多事情。我也建议小曼爸爸以后主动与老师沟通，老师会更多关注孩子的生活和情绪，不让孩子在心灵上有了创伤或苦闷而难以排解，造成严重后果。另外，也和他交流了如何更好地教育和关注孩子的方法问题。在沟通中，小曼爸爸也意识到了问题的存在，表示会跟妈妈商量，以后多关注孩子健康成长的问题。

在跟陈老师和小曼爸爸探讨之后，征得小曼的同意，我们四人再围坐在一起，共同说出自己的困惑，提出期待，并探讨执行方式，商量陈老师与小曼的相处方式，达成共识，形成约定。陈老师与小曼也互相道歉了，各自退一步，也各自进了一步。

事件本身得以解决，还要注意到这件事给班级孩子所带来的影响，必要时及时疏导、干预和安抚。事后，我也以此事为契机，在班级成立应急小组，由学生、老师组成，并及时给应急小组进行针对性的培训，让他们相互帮助、相互监督、相互协管。在此基础上，我请心理老师和我一起设计了心理健康班会，将本事件作为案例组织班级同学讨论，让大家认识到有些话不能轻易说，有些事更不能冲动做；要珍惜生命，受到委屈时合理表达自己的观点，正确处理自己的情绪，做到不伤害自己也不伤害他人等。

案例反思

案例中的事件冲突，源于老师与学生不同的价值观、不同的期望追求与简单的处理方式。作为老师，在遇到事情时，我们需要深究问题根源，不武断地下结论，要用心去查找原因，千万不要以"我是为你好"而伤害了孩子。

苏霍姆林斯基在《给教师的建议》中说："只有教师关心学生的人的尊严，才能使学生通过学习而受到教育。"我想，处理师生冲突并非单单依靠老师的方法和智慧，更需要老师的真诚态度与良好的师生关系。

（广东省深圳实验光明学校 林小燕）

事件 5：学生沉迷网络无法自拔，怎么办？

"嗡……嗡……"手机突然急促地震动起来。我赶紧拿起手机，原来是玲玲妈妈。接通电话后，那头传来了玲玲妈妈疲惫而又焦虑的声音："王老师，您现在有时间吗？我想跟您聊聊玲玲的一些问题。"我心里咯噔一下，有种不好的预感，但是当即回答："我有时间，可以的。"玲玲妈妈告诉我，玲玲自寒假开始，似乎迷上了刷抖音，尤其是直播卖衣服，自己用零花钱买了很多不适合她这个年龄的衣物。她刚刚和女儿发生了强烈的语言冲突，原因是最近发现玲玲总是一回家就拿起手机，把自己反锁在卧室里，吃饭时叫很多次也不应。

上周她没收了孩子的手机，没想到孩子今晚回家找借口说要查资料，拿着手机进了房间就把门反锁了，吃饭时怎么叫也不出来。她生气地撞开了门，只见女儿正躺在床上和抖音上的某个女主播连线。妈妈突然闯进来并且大声叫骂，让女儿觉得很没有面子，于是母女俩大吵一架。

玲玲妈妈继续说，当她夺过手机时，女儿多个社交账号还在登录中。她也因此发现了女儿与抖音上认识的小姐姐的聊天记录，发现这个小姐姐在教唆玲玲和她一起直播卖衣服，分享的衣服图片特别成人化，很多比较暴露。同时还发现玲玲浏览了一些暴力网页和不健康的小视频……她彻底崩溃了，又感觉很无助，所以向我打电话求助。

听完这些，我特别理解妈妈此时的感受。联想到玲玲最近在学校的表现，上课总是心不在焉，无精打采；课下与小伙伴也常常因为小事起冲突，经常会一个人坐在座位上发呆，有时还会莫名发脾气。我先在电话中安慰玲玲妈妈，并简单支招在此种情况下怎么做，然后思考如何去教育、引导处于敏感期的玲玲。我约玲玲妈妈第二天到学校来，与她更深入地谈谈。

十二三岁的女孩子，敏感、好奇、爱美。网络交友不慎的危害，家长和孩子都知道。可是孩子万一沉浸其中无法自拔，家长和教师如何正确引导"解救"，真是颇费心思。

案例分析

玲玲学习成绩中等，也会完成老师布置的基础作业，只是在校不善于交际，朋友不多，显得有些敏感，缺少自信，最近一段时间显得更沉默了，上课很少抬起头来。和妈妈交流，妈妈也承认自从一年前有了二宝，关注玲玲的时间确实少了。二宝身体不太好，住过几次院，全家人的主要精力确实都在二宝身上。玲玲一开始就表现出不喜欢小妹妹，加上她敏感多疑的性格，可能觉得家里人不再爱自己。在家她偶尔会对妈妈发火，觉得妈妈处处针对自己，不平衡的心理和孤独的处境可能导致她迷上了刷手机，没想到又结交了一个直播小姐姐。在现实世界中，她找不到一个知心的、懂自己的人寄托感情，转而向虚幻的网络寻求精神慰藉……网络主播的语言充满了煽动性，而且直播内容新奇、有趣，刺激了孩子的各种感官。

玲玲妈妈面对突发问题时担心孩子迷失在虚幻的网络里，一时心急，对孩子说了一些过激性的话语，再加上平时自己本就忙碌劳累，对玲玲的关心和陪伴不够，很少跟孩子谈心交流；面对姐妹间的矛盾时，没有耐心听孩子解释，大部分时候直接批评指责姐姐，导致玲玲一直心怀芥蒂。委屈、愤怒已经让玲玲感受不到妈妈这些行为背后的爱。

作为教师，得知玲玲的情况，我震惊于玲玲和妈妈的关系已经如此僵，更担心孩子在虚幻的网络里步入歧途，想要尽快找到合适且有效的解决办法。通过玲玲妈妈的讲述，结合孩子幼年的生活经历，我知道这是典型的原生家庭缺爱所导致的网络成瘾，需要先缓和亲子关系，再进行后面的教育。

解决策略

1. 借助专业力量，修复亲子关系

在和玲玲妈妈沟通后，我趁课间找玲玲了解情况。刚开始，她低着头，什么都不愿意说，后来才慢慢地打开了话匣子，诉说妈妈处事不公，表达对妹妹刁蛮、恃宠而骄的不满。待她情绪平稳后，我告诉她，如果她以后心里难受，王老师随时都愿意听她倾诉。她抬头看向我，眼中充满惊讶与感激。

送走了玲玲，我也跟玲玲妈妈沟通了孩子内心不满情绪的聚焦点、孩子对父母的期待。我请玲玲妈妈给孩子写了一封满含爱意的信，回忆生活中美好的点滴，让爸爸妈妈找一个合适的契机和玲玲一起翻看她从出生到现在的各种相册，边看边回忆过往趣事，唤醒孩子的记忆，让孩子发现父母对自己的爱。

我推荐了相关的家庭教育讲座、心理研究讲座和深圳家庭教育微课堂——亲子有效沟通微课给玲玲妈妈，希望她从中受到启发，在亲子沟通上尽量做到有话好好说，不急不躁。同时，我引荐玲玲妈妈与学校心理老师见面。心理老师主动加了玲玲妈妈的微信，表示欢迎随时交流，倾听她作为二宝妈妈的烦恼。我还向玲玲妈妈推荐了南山中小学生心理辅导中心的咨询热线电话，请专业的心理辅导专家为她支招。事后，玲玲妈妈告诉我她真的十分感谢这些专业人士和平台的帮助，之前和女儿的矛盾主要出在自己和孩子的沟通方式上，她在不断调整。

2. 爱与规约并重，无惧网络诱惑

这件事后，借家访之机，我向玲玲爸爸大力表扬玲玲妈妈在自觉学习如何做一位更优秀的母亲。爸爸表示也感受到了，自己也调整了工作时间和强度，不仅和妈妈一起积极地学习借鉴《最温柔的教养》《非暴力沟通》等亲

子沟通书籍的做法，平常也更用心地陪伴孩子，合理分工。不管是共读还是亲子交流，父母待在合适的距离，让孩子既感受到关心又不会有压力。周末妈妈也会抽空带着玲玲去逛街，挑选衣服，享受美食。当然，玲玲最喜欢的是全家一起去爬山、去海边、去野餐等，在相处中慢慢地增进了亲子感情。

在心理老师的建议下，爸爸妈妈还与玲玲一起商议手机的使用规则，并设置软件安装身份验证，有效屏蔽不良的软件。另外，鉴于孩子喜欢看抖音，家长也给孩子推荐了优质的抖音公众号，引导孩子在网络中学习有趣的知识。

3. 发现闪光点，激发成长内驱力

爸爸妈妈态度的转变，从源头上化解了玲玲内心对父母的积怨。但如何让这个比较内向的孩子获得更多安全感的同时，还能主动融入集体，是当教师义不容辞的责任。除更加有意识地找玲玲聊天，有意让她帮忙做些小事以外，在班委竞选时，我鼓励她积极上台参选图书管理员。竞选成功后，我又根据她的表现适时赞扬与鼓励，并让同学们看见玲玲工作的认真细致。教室图书角因此变得井井有条时，我有意让同学们写表扬信送到学校广播站进行播报，提高她的自信心和班级威信。我还会通过她周围玩得很好的朋友，了解她的心理状态、情绪波动情况，并叮嘱她的好朋友看她情绪低落时，多多鼓励她，开导她。

经过一段时间的家校努力，我看到玲玲脸上的笑容多了起来。妈妈也反馈玲玲把自己关起来看手机的现象越来越少，她还会很大方地跟妈妈分享自己看到的有趣视频。玲玲对妹妹的态度也好了起来，家庭氛围也变得和谐了。玲玲身上发生的事情，也属于这个年龄段孩子很容易出现的问题。为了更深入地了解全班学生，我在班级设立了小信箱。对于孩子们的信，我总是争取第一时间回复。班级里还开了"聊吧"，不管哪个孩子有了心事，都可以跟我聊一聊。我会尽量帮他们解开心里的小疙瘩，从而营造和谐、有效的沟通环境。

案例反思

　　随着生育政策的放开，亲子关系中产生的冲突对孩子的在校学习和情绪产生的影响已愈来愈常见。本案例家长主动向教师道出苦衷，还有更多的是隐而不宣的问题。这也是新形势下教师面临的新问题和新挑战。都说青春期前期的孩子总以自我为中心，行事冲动，除了他们生理上的自然规律，还因为他们的成长背景复杂各异，教师更需要心怀善意，练就一双直指本心、洞察学生行为背后深层诉求的"火眼金睛"，了解他们，走进他们的内心。

（广东省深圳市大礎小学　王娜）

事件6：拉裤子而招致全班"嫌弃"，怎么办？

〰〰〰〰〰〰〰

一天上午第二节课课间，我正在办公室埋头批改作业，突然班长旭旭急匆匆地跑来大声说："白老师，不好啦，教室里有人拉粑粑了！"我一脸愕然，但转念一想，这事发生在三年级小朋友身上也很正常。等我奔进教室，只见教室里一片骚乱，有在座位上偷笑的，有在讲台前吵闹的，有站在椅子上东张西望的……在教室右侧的角落里，一个叫小宁的小男孩正缩着头，绷着脸，面前立着一本语文书，双臂撑在桌面上，看见我把头埋得更低了。再看看他旁边的同学，一见到我，做出夸张的表情，示意我异味是从这边发出的。我平静地招呼小宁，让他把讲台上我的书送过来。小宁走到我身边时，我证实了异味是从他身上发出的，随即叫了他的好朋友小雨去我办公室找纸巾、湿巾和塑料袋，陪小宁一起去洗手间，协助清理。我随即给小宁家长打电话，让他们赶紧送来更换衣服，接着走向小宁的座位，发现他经过的地方留下了少许脏物。我让卫生委员拿来卫生用具和消毒水，并亲自用废报纸擦拭了污迹。这时，另一名机灵的同学赶紧拿来拖把……处理完"现场"，我示意将所有窗户和前后门都打开。孩子们看到眼前这一幕，也就不再大惊小怪、大呼小叫了。

上课铃响了，我让班干部组织大家作好课前准备，等待科任老师的到来。我出了教室朝洗手间方向走去。这时发现小宁家长发信息说还需要20

多分钟才能赶到学校，我便去隔壁办公室向同事借了他儿子的一条运动裤，让小宁临时换好后在办公室里等家长到来。

事后了解到是小宁前一天晚上受凉了，上课时肚子痛，没忍住，就拉到裤子里了。遇到这样的事情，他自己也很害怕，坐着不敢动。我告诉小宁以后遇到这样的情况，不要慌张，谁都有生病的时候，并让家长提前带孩子回家休息，也因此避免了眼下的尴尬。

家长带走小宁后，不一会儿也下课了，有几个胆大的小朋友跑到办公室门口张望，没发现"目标"，又一溜烟儿去了洗手间。看来，孩子们对这样的突发事件还是忍不住好奇和关注。看看课表，第四节课是我的语文课，我决定在上课前 10 分钟就今天发生的这件事临时召开一个微班会。

案例分析

类似事件在小学低年级同学身上发生倒也不意外，但也属于比较特殊的情形。低年级小朋友好奇心强，又缺乏应急处理问题的能力，遇到一点小问题就大惊小怪或大呼小叫，不能顾及当事人的心理处境。本案例中的当事人小宁是本学期转过来的插班生，人长得比较瘦弱，容易害羞、紧张，在班级里虽然学习成绩不错，但很少见到他开怀大笑，存在感不强。有一次，我排队时拉起他的手，发现他手心里都是汗。今天意外发生这件事，他的心理压力一定很大。

小宁家庭经济条件并不差，爸爸妈妈属于高知，平时工作忙，他由爷爷奶奶照顾。据说小宁上一年级时，爷爷奶奶还追着喂饭。爸爸妈妈对孩子期望值高，对学校要求也多。刚到班级时，家长就对老师提了很多意见，比如孩子的字写得不好看啦，教室里空调对着孩子后背吹啦……而对自己孩子的性格特点和自理能力，家长似乎不太关注。这也可能是小宁在感到身体不舒服时不知道主动报告，及时上洗手间的原因。

再说这个班级，我自三年级接手几个月以来，了解到学生多半来自独生子女家庭，被视为掌中宝，被包办过多，孩子个性发展和自我诉求被无限满足，从而形成了个性张扬、活泼好动、缺乏包容和解决问题的能力。因而教室里发生的这件尴尬事，既伤害了同学感情，又破坏了班集体的和谐氛围。

因此，在解决这件事上，既要照顾到小宁的心理感受，也要借此机会引导他和全班同学在对待类似事件上学会主动寻求帮助、乐于帮助别人，有主动解决问题的意识。

解决策略

正面管教的核心理论：坚持和善而坚定，问题就是成长的契机。错误是学习的最好机会。而这一偶发事件，对各方都是成长的契机。一般情况下，需要先处理心情，再处理事情。而偶发事件也需要"先连接，再解决"。接纳大家的情绪，处理现场，解决燃眉之急，再对小宁和班级进行价值引领。我运用正面管教理论完成了一次价值提升之旅。

1. 提升应急问题解决能力

我让小宁的好朋友陪着他去洗手间，疏解和宽慰他的紧张情绪。离开"事发现场"，一是解除了现场尴尬；二是借机将事件概要通知家长，让孩子换完衣裤，直接回家，无须返场。通过此事，教师要让小宁掌握自己解决问题的技能、合作的技能，获得勇气和担当，从而获得价值感。

2. 指导家庭教育方法

苏霍姆林斯基说："良好的学校教育是建立在良好的家庭教育基础上的。"俗话说：三岁看大，七岁看老。家长万不可错过最佳的习惯、品格培养期。针对小宁的家庭教育模式，我在家访时分享新学习到的《正面管教》的核心理念，比如和善与坚定并行，感觉好才能做得到，关注于解决方案等，还把我自己的"正面管教家庭会议议程"践行情况拍照发送给家长。后期我主动加强与家长的互动，完成课题式的跟踪教育。此外，随着《家庭教育促进法》的颁布和实施，我发动班级家委会组建了家庭教育讲师团，激发群体智慧，启迪家庭教育新样态，营造家庭教育新风气。

3. 塑造友好和谐的班级风貌

后续，我非常关注小宁的变化和进步，开展丰富的班级活动，让小宁在和同学一起做手工、玩沙包、组建书友队活动中，逐渐融入集体。我还教授孩子们小组合作的技能，让他们在多彩的活动和互动体验中感受到"被需要""被尊重""被鼓励"，拥有自我价值感和集体归属感。

专注解决问题，提升学生责任感。针对我班部分学生过于自由骄纵等特点，当学生犯错误的时候，我会使用《正面管教》里的启发式提问，提问过程中不评判、不表态，根据头脑风暴法，帮助孩子发现有价值的问题和希望采取的行动，尊重学生的意见和表达。教师以身说法，示范理性表达，让学生换位思考，从对方的角度出发。"我们寻求解决方案"，要做问题解决者，让所有发言者的想法获得尊重，让当事人选择一个他认为最有帮助的方案，从而改善问题行为。

案例反思

针对这一偶发事件引起的热点聚焦问题，老师把拉裤子、同学迟到等生活实例搬到课堂上来，通过案例对学生进行教育。这个案例，鉴于特殊性，有异味散出，当事人想隐瞒又瞒不过，其他学生谁也不想上前主动帮忙，这时教师（今后要培养班干部）的示范行动对学生而言无疑是最好的教育。同时，同学之间的相互包容需要班风带动班级正气的形成，所以良好的班风也有助于更好地处理和应对突发事件。

（广东省深圳市南头小学　白莲花）

事件7：学生突然情绪大爆发，怎么办？

案例呈现

活泼可爱、乐于助人、成绩优异的小旭，在疫情之后，他的表现总是让人感觉不对劲，不仅课堂上注意力不集中，而且和同学相处中时常起冲突，也爱顶撞老师，总之，像一个随时都要爆炸的气球，一碰就炸。我也找小旭单独聊过几次，但他总是默不作声，我只好默默关注。

一次，学校应上级安排发起了"爱心捐助灾区"的捐款活动。放学前，我在班级发动捐款时也说明了本着自愿原则，为了便于统计捐款数目，学校建议同学们最低一元起……我的话还没说完，小旭便异常激动地说："我没有钱，一元钱要在微信抢多少红包，有时抢到也只是几分而已，一元钱可以买好多零食！"这时，班里大部分学生看着小旭的激动模样，为他不愿捐款的理由感到好笑，有一位同学甚至当场从口袋里掏出了10元要捐款。也许是同学的举动让他感到面子挂不住，他开始情绪失控了，一时竟要猛扑到那位捐款同学面前，直接骂道："你显摆你家有钱是吧？"还有意做出将钱撕毁的动作，结果被我拦住了。他又大声哭诉："我存的钱每回有一千多块时，就被我妈借去付货款了，但是……"话没说完，就趴在课桌上呜呜直哭。

一次自愿捐款倡议，为何让孩子一下子近乎崩溃大哭？我当时很是疑惑。看他欲言又止的样子，我想他内心一定藏着什么隐情。我走近他想询问，他用胳膊狠狠地推开我，看来当前不是交流的时机。我也识趣地暂时离开，走上讲台，停止讲捐款的事情，只把具体要求写在黑板上，手语示意其他同学看黑板就行。

放学前，小旭始终没有抬起头来，只是哭声渐渐变小，慢慢平静下来。放学时间到了，同学们也不敢靠近他，只见他默默地收拾书包。我尝试着再次走近他，安慰他，没想到他竟然擦擦眼睛，说没事了，背着书包低着头走出了教室……

我一直不放心他，交代和他家住得很近的两个小朋友一定要关注他在路队上的表现，要看到他回到家，进了家门再回自己的家。与此同时，我也立即给小旭家长打电话，将白天发生的事情及疫情之后孩子的表现告知家长，让家长关注孩子的情绪。小旭妈妈沉默了一会儿说，都怪他们做家长的，是家庭原因，让我放心，她会和孩子好好谈的。

家庭到底出现了什么问题？显然，家长和学生当前都不愿意透露更多，我也不能逼着追问。但是，小旭心里到底在想些什么？他具体经历了什么？我怎么才能走进他的内心，给予力所能及的帮助呢？

案例分析

本案例讲述的是一个孩子情绪失控，家长和孩子又不愿意真诚交流的突发事情。尽管不会给全班学生带来多大的影响，但是如何真正走进这一类孩子的内心，获得这一类孩子和家长的信任，关注孩子的心理健康，家校配合教育，引导孩子阳光、积极地生活，则是教师义不容辞的职责，也是一大难题。

因为疫情，小旭在家上网课三个多月，这三个多月师生网课交流自然无法深入。而疫情对每个家庭的经济状况和家庭成员之间的关系，以及对学生生活、习惯和心理造成的影响很多是隐性的，教师很难一时了解清楚。相信这是一个共性问题。

小旭的妈妈平常在街头做点儿小生意，每天早出晚归，小旭回家常是自己准备晚餐或者吃剩饭。听他同桌明明反映，每当明明奶奶中午给他送来午餐时，小旭就会显得尤为暴躁，甚至辱骂明明的奶奶过度宠溺他，还宣称自己在家连弟弟都能照顾好，而明明却连午餐都还要家长送。

这种"吃不到葡萄说葡萄酸"的小心思我也不好直接捅破。小旭从小缺少家庭温暖。妈妈性格很暴躁，特别唠叨，爸爸内心苦闷，常年在外打工不愿回家。妈妈心情不好，小旭做错一点小事，都会遭到妈妈一长串责骂。这样的原生家庭让小旭也不会与人好好说话，总出口伤人，老是觉得身边的人都和他作对似的。

这样一分析，我们会发现表面上似乎是小旭对学校组织捐款的事情持反对态度，深层原因是疫情这一特殊时期加剧了他偏激性格的外化。因为从小缺乏爱，从而缺乏安全感，对周围的人和事总是持怀疑态度。在家上网课期间天天面对唠叨、暴躁的母亲，更加感受不到关爱，小旭的情绪没有宣泄出口，返校后变得更加烦躁。我们都知道家庭环境与家长教育方法对学生的身心健康有重要影响。面对这样的家庭和这样的孩子，教师该如何引导呢？

解决策略

1. 寻求帮助，科学诊断

面对这种偶发情况，我深知如果自己沉不住气，跟着他发脾气，狠纠其错，只会适得其反。我冷静地在心中默念着：先处理眼前的问题，确保自己和班里孩子的人身安全。在多次和小旭交流效果都不佳后，我决定请学校心理老师协助我开导和教育小旭。

我首先向心理老师和德育处反映了小旭的表现。由于疫情之后学校更加重视学生的心理健康问题，我和德育处商议，以学校会从各班随机挑选几名学生代表了解班级情况为由，在班级宣布学校可能会直接到班级邀请同学进行随机访谈。这样，小旭自然成了第一梯队人选。

心理老师在让小旭谈班级整体情况后，慢慢过渡到他自身的情绪问题，适当地进行心理疏导，并邀请他作为班级情绪侦察员，让他观察班级哪些同学最近情绪不太好，如果不方便主动帮助就反映给心理老师，以此增加了小旭和心理老师多次单独交流的机会。小旭感受到了心理老师对他的信任，还真的承担起了情绪侦察员的角色，不时去和心理老师沟通。心理老师趁机送给他一些好看、易懂的积极心理学方面的儿童读物。渐渐地，小旭没有之前那么暴躁了。

2. 交流沟通，疏导情绪

通过心理老师一对一的帮助，小旭的情绪变得更加稳定。我在班级也加强了心理健康主题方面的教育。通过开展主题班会，如"我懂得诚实守信""我讲自己的故事"等，让学生说出自己的心里话，也懂得如何珍惜身边的人；让学生相互发现对方的优点，开展"找优点""夸夸谁进步了"等活动，引导学生用积极、正面的眼光看待身边的同学；结合道德与法治课的相关内容，引导学生学会与他人相处，管理自己的情绪；等等。由于加强了心与心的沟通，我通过陪伴与倾听，也了解了学生更多真实的心声，也会向学生分享自己的生活感悟和某些情绪问题。这样老师与同学、同学与同学之间坦诚的关系渐渐形成了，主动找我交流心声的孩子渐渐多了。

3. 理解家长，以心换心，真诚相待

由于我所在的学校处于小县城郊区，大多数家长文化程度并不高，靠种菜卖菜、贩卖海产品等小生意来维持家庭生活。疫情影响了这些做小本生意家庭的经济来源，家长也格外不容易。因此，对于孩子的情绪问题，多数家长有心无力。作为教师，我能理解，也不奢望他们能立即积极地给予配合。我会根据家长的实际情况提出几点最基本的要求，比如尽量给孩子一个安静的学习环境，孩子做作业时家长不看电视，不影响孩子；家人之间的矛盾尽量避开孩子和平解决，家庭中有某些实际困难可以让孩子知道，并且让孩子感受到家长的不容易，同时也看到希望。这样的话，我在全班家长会上讲过，也在和家长私下交流中真诚表达过。我也拜托家长信任我，有什么问题可以随时找我谈，我会尽量多关注每个孩子。此外，充分发挥家委会的作用，协助教师处理班务。家委会以邻居和朋友的身份，相互分享如何更好地陪伴孩子、照顾孩子等。班级大环境中的温暖感动着小旭以及和小旭类似的

孩子们。小旭也感受到身边所有人的善意：家委会父母般的真诚呵护，同学之间的互助互爱，邻里之间的互帮互助……在浓浓的关爱中，笑容渐渐地在小旭的脸上绽放出来……

案例反思

这次意外事件给我敲响了警钟：教学工作事无大小，要保持常态化管理，时刻关注学生的思想动态、情绪状态，而不能仅仅盯着学业表现和某些外在行为，要从学生外显行为中发现他们的情感情绪，走进他们的真实生活，走进他们的心灵。同时，我也深深地感受到了关注学生的心理健康、理解家长和学生是实现家校共育的基础。其实，很多偶发意外事件往往是因为一句话、一件小事，学生本性纯真、善良，但也因为心智尚不成熟，会做出一些过激的事，说一些过激的话。作为成年人，我们要善于读懂他们内心真实的需求。这需要功力。

（广东省汕头市峡山大宅学校　卓奕璇）

事件8：为帮好友在网上中伤同学导致事态升级，怎么办？

〰〰〰〰〰

案例呈现

2021年秋，我接任六（1）班班主任。这个班我自四年级开始就担任他们的数学老师，所以自认为对这个班的学生还算比较了解。没想到带班不到一个月，所了解到班级同学之间发生的一些事，让我感到过去作为科任老师，单单从学生课堂表现和作业情况是很难真正了解学生的，比如对看上去文静的女生小张。

11月的某一天，六（2）班班主任朱老师告诉我她班上有个女生想加我微信，私下向我说点儿事。我很诧异。朱老师随后转发了一段QQ语音聊天视频。打开一听，里面好几段话，都是骂人的脏话，细听这声音，则是我们班小张的。我很纳闷，平时文文弱弱的她，骂起人来竟然如此恶毒？是什么激怒了她？

我先请朱老师协助了解事情原因。经过和朱老师的沟通，我得知，小蓝和小张是邻居，她们在一个合唱队里，平时关系很好。小蓝和班上一个男生很要好，这个男生下课常常和小蓝一起玩，有时候还辅导小蓝功课，小蓝对这个男生心存好感。最近，六（2）班的倩倩和这个男生走得比较近，还给这个男生带零食。于是，小蓝很生气，她和小张讲了这个男生见异思迁，倩倩就是祸水。

有一次，小张刷小红书，竟然刷到了倩倩的账号。小张为了帮好友小蓝出气，就在视频的评论区里留言说倩倩喜欢某个男生，和他谈恋爱了……这个评论被班上很多同学看到了，并传开了。班上同学都对她指指点点的，倩倩觉得很委屈。倩倩找到小张的QQ，质问她。结果，小张就在QQ上辱骂倩倩，倩倩很难受，把这些事情告诉了家长，并和家长说不想上学了。家长向朱老师反映了这一问题。通过调查，朱老师发现小张是我班的，要我和她一起来处理这个事情。

得到这些信息后，我把视频中的QQ头像截图保存，确认这个头像就是小张的。接着，我把小张叫到办公室，问她是否认识倩倩，想让她自己把事情说出来，谁知她竟然说不认识。于是，我把这段视频播放出来给她听。她惊呆了，怎么也没有想到这样的事情会被我知道。她没有办法再狡辩了，低着头和我承认是她说的，还说除了骂人，也在倩倩的小红书评论区中发表了一些不好的评论，那时候没有想那么多，只是觉得好朋友被欺负了，就想帮她出头而已，谁知道给倩倩造成了那么不好的影响。

我和她聊了很多，她也意识到了自己的错误，知道了在网络上发表不良言论是要负责的，并且愿意和我一起到隔壁班找朱老师承认错误，并向倩倩道歉。

案例分析

在网上发表不良评论甚至骂人的现象在这一代孩子身上是很常见的，这个案例确实值得我们反思。

首先，随着信息技术的不断发展，网络已经融入学生的生活中，学生利用网络打游戏、交朋友。可是作为孩子，他们自制力弱，分辨是非的能力不强，认为网络是个虚拟的世界，我想怎么做都可以，谁也不能控制我的行为。所以，如果不加强控制和引导，将会给孩子的学习、成长带来很大的影响。特别是在公开的网络平台上发表不良言论，对他们来说只是说说而已，又没有侵犯到别人的真正利益。但他们不知道，网络的发酵能力是很强大的，这样的言论一旦被转发，会被很多人看见，有可能导致一些无法想象的后果。所以，学生要清楚地认识到不管在哪里，都应控制好自己的言行，网络交流也有底线要求，也可能要承担法律责任，不仅要学会保护自己，也要做到不伤害他人。

其次，六年级的学生开始步入青春期，关注同龄人之间的交往。任何一个青春期的孩子都不可能脱离同龄人的影响，总是将彼此之间的友谊看得极为重要。于是，他们认为要有福同享、有难同当，讲究义气。但很多孩子不知道，这样的"讲义气"与同学之间的真正友谊是截然不同的。

最后，现在家长都比较忙，不太了解孩子的交友情况，也不知道他们的好朋友是谁。加上网络交流的隐蔽性，家长和教师很难发现孩子们的网络交友情况，网络暴力或者网络交友不慎等隐性问题成为教育难点。

解决策略

本案例涉及的问题多维交叉，牵扯的人也有点儿复杂，如何找到问题的关键点，剥茧抽丝，把握问题解决的节奏很关键。

1. 信任是解决问题的基础

基本厘清问题的来龙去脉之后，我找小张了解情况。起初她并不承认认识倩倩，但当她听到录音后，马上意识到自己的错误，低下头和我坦白了事情的经过。我首先表示她是个重情义的好女孩，只是当时没有意识到在网上的"随便说说"，会被其他同学传播，给倩倩带来负面影响。我相信她是无意的。我还用各种在网上散布不实信息或造谣而导致悲惨结局的案例，让小张意识到在平台上发表的言论与真实的情境不一样，社交平台传播面广，需要负责任，并不能想说什么就说什么。

同时，我对她对待朋友"讲义气"的情感表示理解，但也让她思考应该采用什么样的方法来帮助好朋友才是合适的。我不想过多说教，告诉她这是这个年龄段的同学都分不清的重要话题，打算在班级组织一次"讲义气的利与弊"的辩论赛，邀请她和宣传委员一起组织同学准备素材，选择辩手，准备辩词。

2. 润物无声的价值观教育

邀请小张协助班干部准备"讲义气的利与弊"的主题辩论赛，也是传递出对她信任的信号，同时想让小张在这个过程中进行自我教育。准备辩论赛的过程中，全班同学共同收集材料，准备辩词，正式辩论。通过这场辩论赛，孩子们理解了什么是真正的朋友，朋友之间什么事可以帮，什么事不能帮，如何帮才是真正的帮。帮朋友不是因为一时冲动、哥们儿姐们儿义气，而冲昏头脑、蒙蔽真相，不计后果地做一些后悔莫及的事情。

我也通过组织学生观看电影《怦然心动》，引导学生正确看待男女生正常的友谊，同时注意交往分寸等，珍惜纯真的友情，并针对班级存在的一些"小传言"，辨析如何做到不伤害他人等。总之，面对青春期懵懂的学生，价值观渗透教育需要讲究艺术，尽量避免简单说教，多借助影视、经典文学作品去引导学生，润物无声。

3. 适度、适切的家校沟通

对于学生的网络素养培养以及网络交友等，家长需足够重视。但教师需要考虑契机向家长反映情况，并提出要求。对于这件事，我起初并没有告诉家长，而是和小张以及隔壁班级教师一起处理。之后，在一次看似无意中向小张的妈妈讲了这件事情，同时与她探讨如何与这个年龄段的女儿合情合理地交流，以心换心，也让家长关注孩子手机和电脑等的使用情况。

另外，也通过家长会，提醒父母要在孩子处于青春期的时候更多地了解孩子，多与孩子沟通和交流，了解孩子的交友情况，防止交友不慎带来的不良问题。

案例反思

"我只是说说而已"，在学生看来只是随口想"刺激"一下对方的话，但因为发布在网络上，被同学们传播，给对方造成极大的心理伤害。对于网络传播力及其危害，这个年龄的孩子还意识不到。加上本案例涉及的人员错综复杂，因此如何发现关键问题，具体情况具体分析，把握好问题解决的度和节奏，非常重要。起初对于如何解决问题，我也很茫然，后来与工作室团队导师、同伴多次商议，才有了一系列解决方案。不仅当事人的问题得到解决，也让全班同学受到了教育。

青春期的孩子，讲究义气，但是这个义气也会导致他们头脑不清晰，容易犯下不可逆的错误。这个阶段的教育更要审时度势，讲究技巧，需要教师不断探索正确的处理方式。

[广东省深圳市南山外国语学校（集团）第二实验学校　李永红]

事件 9：学生特殊疾病突犯，家长却讳疾忌医，怎么办？

〜〜〜〜〜〜

案例呈现

那是在学校的民俗趣味运动会上，赛事新颖有趣，孩子们都兴奋地在操场上又蹦又跳。在人群中，平时有些沉默寡言的 J 却突然捂着耳朵，一脸痛苦地摇晃着脑袋。我赶紧上前询问情况。J 低声说："王老师，我好像有点不舒服，可不可以回教室去？""哪里不舒服？"我轻轻地拉下他的小手问。他却猛地把我的手甩开，然后扯着嗓子大喊："没什么，我就想回去！就想回去！"看着他瞬间失控的表情，我吓了一跳，赶紧说："好的，我把语文老师叫过来看班，然后马上带你回去，好不好？"J 捂着耳朵拼命点头。

我走到一边掏出手机，刚准备给语文老师打电话就听到班级队伍传来一阵骚动和尖叫。回头一看，眼前的景象让我大吃一惊。J 紧闭双眼，双手在空中胡乱挥舞，在班级的队伍里跌跌撞撞。孩子们有的以为是游戏，嘻嘻哈哈地躲避，有的察觉到异常，尖叫着四下逃散。我急忙跑过去把 J 搂进怀里，紧张地问他："孩子，怎么了？王老师来了，别害怕！"哪知 J 的双手碰到我，就紧紧地箍紧了我，整个人还顺势扒着我往身上爬。我只好一边吃力地回抱着他，一边慌乱地安抚周围的孩子："你们别害怕，不要喊，不要跑！"

在一片混乱嘈杂中，附近的几位老师赶了过来。但看到 J 和我的样子，大家都愣住了。"快打电话给校医，快点！"我冲着他们喊道。几位老师缓过神来，立刻手忙脚乱地分头联系校领导和校医。我抱着 J，感觉他的身体非常僵硬，而且在不停地颤抖。过了一会儿，他突然开始口吐白沫，身体剧烈地抽搐起来。我被他禁锢着，又惊又怕，茫然不知所措。

围观的人越来越多，现场也变得更加混乱。而校医在简单处理后，忧心忡忡地说："这好像是癫痫的症状，快打 120，恐怕会有生命危险！"我心惊胆战，赶紧拨通了 J 妈妈的电话。然而，出乎意料，J 妈妈的第一反应居然是："老师，请不要告诉其他人，不要打 120，等我来处理！""啊？"我们顿时就蒙了，这下该如何处理才好？

案例分析

在这一次的偶发事件里，孩子未脱离危险，但家长坚持自行处理，想带孩子回家，还一再对现场所有人强调"请不要告诉他人"。一方面，孩子的癫痫病让家长自感"不光彩"，不愿意被过度关注和关心；另一方面，癫痫是一种让人闻之色变的疾病，如今被曝光，可能会影响孩子今后正常的生活和社交。家长复杂、纠结的心情，我完全能理解，但他们讳疾忌医的做法和态度值得商榷。如何与家长进行有效沟通，尊重"隐私"的同时，又确保孩子疾病发作时的安全，值得深思。

癫痫事件之后，我也一直都非常后怕。要知道在此之前，我对 J 身患疾病毫不知情，也对癫痫一无所知。事发之后，我查阅了相关的资料，才明白病因、病症，了解到它可能导致的严重后果。事实上，操场上的这一场意外，看似是偶然，其实是必然！防患于未然，对重大疾病儿童，学校能否有更好的前期档案收集、后期沟通跟进和制度完善呢？试想一下，如果不是当时我察觉到了 J 的异常，后果将不堪设想。但倘若学校有完善的大病档案，我事先对 J 的情况有所了解，就能做好充分的心理准备和安全预警工作。

此外，在整件事的处理过程中，由于缺乏急救知识和急救经验，现场的老师们和我一度陷入迷茫，感到惊恐和手足无措。如果我们在班级乃至学校有完整的疾病应急机制，当时的处理是否可以更加妥善和科学？相信通过学校或者班级统一的急救培训和案例演练，师生可以更清楚地了解一些常见的疾病名称和症状，掌握一些基本的急救知识和急救技能。当意外降临，我们就能更镇定、更有序、更有经验地进行应急处理。否则，即便家长提前告知了孩子的身体状况，面对疾病的突然发作，我们依然会焦头烂额、束手无策。

解决策略

1. 教师层面：团队协作，互补互助

作为教师，在实际工作中，我们总会遇到各种各样的事情。一个人的力量有限，做不到尽善尽美，我们要学会团队协作，充分运用团队的力量，帮助自己更高效、更全面地解决问题。目睹 J 病发，我毫不犹豫地求助同伴，第一时间就得到了学校团队的支持和帮助。大家上下联动，形成合力，让 J 得到有效的救治，症状得以缓和，生命安全也得到基本保障。同时，也能一起做好现场清理和安抚工作，让事态发展得到有效的控制。也因为团队的协调，120 才能及时赶到，医生的专业处理让危机暂时解除，也为后续的沟通奠定了良好的基础。

2. 学生层面：移情体验，换位思考

J 的事件，班级的孩子目睹了整个过程，若不及时引导，各种不好的流言都会随之而来，有可能对 J 和他的家庭造成二次伤害。因此，在运动会结束后，我立刻召开了班会，简短陈述事情经过，淡化疾病原因，让孩子们移情体验，换位思考，更多地把注意力转移到 J 的身体健康和心理感受上，理解 J，关心 J。事实证明，这样的引导直观有效，孩子们学会了站在 J 的角度去看待问题，担心疾病和流言对 J 的伤害，愿意成为他的守护者。

在移情引导下，癫痫事件良性发展，没有带来任何的负面影响。孩子们也很好地履行了他们的诺言，在 J 康复回来之后，都热情地迎接他，关心他，帮助他更好地回归班级，融入班级。

3. 家长层面：有效沟通，共情共鸣

家校之间的矛盾，常常源自无效沟通导致的信息差，如果不能实现语言和情感上的双向交流，往往会走向僵局，甚至是对抗的局面。事件发生后，我和J的父母一直保持着电话和信息沟通，不时地关心孩子的身体恢复情况，了解他们的心理发展动态，始终与他们共情共鸣。为了更好地沟通，我还特地和科任老师去家里探望了J，转达了学校的关心和班级孩子们录制的问候视频，同时也耐心地给他们分析了此事不同处理方式的利弊。在感受到我们的真诚后，J家长的态度有了明显的变化，从刚开始的心存戒备，到后来慢慢打消顾虑，毫无芥蒂地说起了孩子的疾病和他们的心结。最后，甚至为学校和老师着想，主动提出签署学生疾病安全责任书。

案例反思

这次事件虽然是偶发现象，但如果处理不当，不仅孩子的生命岌岌可危，家校之间也必定会爆发严重的矛盾冲突，我们的教师生涯更会深受影响。有效沟通固然关键，但从根源上解决问题更为重要。首先，学校应该建立重大疾病学生档案，收集和归类这一部分学生的资料信息，并与家长进行沟通和座谈，教师更要对他们的情况熟稔于心。其次，学校或者班级应该建立疾病急救机制，提供必要的急救培训活动，让师生掌握基本的急救知识和急救技能。最后，疾病急救演练必不可少，实践操作能让我们更有经验地应对突发状况，更有底气地做好教师工作。

[广东省深圳市南山外国语学校（集团）第二实验学校　王华]

事件 10：课间追逐引发学生意外受重伤，怎么办？

～～～～～～～～

案例呈现

"报告，谢老师，谢老师，小锐头流血了！"周五我刚开完会，班里的小浚和另一名男生着急地跑进教务处找我。"流血了，他撞到哪里了？现在在哪里？"我一边问小浚，一边往教室跑。来到走廊，只见班里的一群孩子把教室后门围得水泄不通。我挤进人群中，看到了黄老师用纸巾捂着小锐的额头，鲜血一直往下流。看到这情形，我赶忙拉着小锐的手去卫生室。当我拉起他的手时，才发现两只小手沾满了鲜血。我意识到问题可能很严重，但可能是上周末才现场处理了一场交通事故的原因，我的内心已经很强大了，理智告诉我，现在要先把血止住。

来到卫生室，姚老师拿着纱布让黄老师继续按住伤口止血，我赶紧联系家长，第一次家长挂掉了电话，我连忙发了一条简短的信息："小锐撞到了。"家长很快回电话后赶来学校。此时，校长、教务主任都来了，有的老师帮忙冲葡萄糖水，有的老师帮小锐擦掉手上的血，我和黄老师轮流按住伤口止血。血止住了，不流了，姚老师看了伤口，还好，浅浅的一道。我们等待着家长到来。小锐是个勇敢的孩子，全程不哭不闹，配合着老师。看到这情形，我松了一口气，跟他说："小锐，你真是个勇敢的男子汉！告诉老师，你刚才撞到哪里啦？"小锐上气不接下气地说："那个我……我就是撞到桌子了。""那告诉老师，你是怎么撞到的？""嗯，就是那个……我在那里坐的时候，小凯拿尺子弄我，我就跑去追他，就撞到了。"我拍了拍小锐的肩膀，告诉他："老师知道了。"小锐的爸爸妈妈很快来了。看到坐在沙发上头贴着纱布的儿子，妈妈捂着嘴，豆大的眼泪不住地流下来。这种无声的哭比撕心裂肺的哭更让人心疼。爸爸说："老师，我家孩子怎么弄到的？"本来我想把孩子的话复述一遍，但想想还是让孩子说吧。小锐看着妈妈痛苦的表情，小声地说："我走路不小心撞到桌子了。"这……两个版本的原因，哪个才是真的呢？我很困惑。但是，我知道此时最重要的是送孩子去医院接受专业的治疗。

此时，屋外大雨倾盆。校长说："这么大的雨，不好打车，我送你们去吧。"我们坐着校长的车，一路上小锐妈妈抱着孩子。很快，我们来到医院急诊外科，一位年轻的医生看了伤口后建议缝针。小锐妈妈崩溃了，号啕大哭，一直跟医生说能不能不缝。小锐妈妈说："我的大儿子小时候磕到头，缝了九针，那撕心裂肺的叫喊声我现在想起来还后怕。"我拍了拍小锐妈妈的肩膀，建议她再问问医生的建议。最后，小锐爸爸妈妈再去请教自己的医生朋友。这时，只有我和小锐坐在医院走廊的椅子上。小锐转向我，眼睛直勾勾地看着我，对我说："老师，关于刚才怎么摔倒的原因，我重新说一遍。"我温柔地说："好的，你告诉老师真相。""其实是……"小锐刚想说，爸爸妈妈就走过来了，小锐便没有再往下说什么。我知道其中肯定另有隐情，但我们默契地没有再继续说。接着，我们到注射室做皮试、打针、上药膏。

最后，我和小锐妈妈返回学校取书包。来到学校后，小锐妈妈到校长室跟校长报平安，以及表达对学校如此重视这件事情的感谢之情。而我来到教室，还在参加课后托管的孩子着急地问："老师，小锐怎么样了？"一瞬间，我也觉得这群二年级的小孩子懂事了，知道关心同伴。托管结束后，两个男孩子跑到办公室里，告诉我："老师，我们班有几个人组成了跑跑团，一下课就在教室里跑，小锐被撞到才流血了。"如我所料，事出有因。

回想整件事情的经过，我可以安心地说处理得真及时、顺利。

案例分析

这是一个发生在校园内的"意外伤害"事件。

每学期，校园里总会发生几起比较严重、棘手的"意外伤害"事件，特别是当炎炎夏日来临时，烦躁的心总会引发一些同学在课间疯狂奔跑、追逐、打闹，一不小心就会造成"意外伤害"。作为教师，我们要时刻牢记安全教育不可松懈。回顾整个事件，有几点值得我们反思：

第一，班级管理的漏洞是事情发生的重要原因。小锐流血事件发生时正是下雨天的课间，孩子们无法到操场等空旷的地方活动，只能待在教室等狭窄的地方。低年级的孩子好动，喜欢在教室里追逐打闹，加上下雨天穿的是雨鞋，一跑动更容易摔倒。此时班级里没有老师，值日生也未及时制止追逐打闹的现象，导致了摔倒流血事件的发生。

第二，教师稳定的情绪是事情顺利解决的关键。当得知情况后，我第一时间赶往事故发生现场，尽管看到小锐沾满血的双手，仍然冷静地了解伤情，判断伤势的严重性，及时止血，并第一时间联系家长，上报校长室和教务处。在这个过程中，我能够做到把关注点放在学生的伤势、生命安全上，等到事后再去追究责任。当听到小锐说的第一个摔倒原因时，我并没有火冒三丈，而是轻轻地拍了拍小锐的肩膀。当看到小锐妈妈情绪失控时，我仍然是拍了拍小锐妈妈的肩膀。轻轻地拍一拍肩膀，既表达了我对他们的关心、理解，也是给予他们力量。

第三，多方协同合力是事情高效解决的重要力量。意外伤害发生时，我们可以看到有多位老师帮忙止血、冲葡萄糖水、清洁沾满血的小手，有卫生员及时处理伤口，有校长安全护送，多方协同合力，既高效又有序，第一时间处理现场，避免延误时间而耽误治疗。

解决策略

1. 应急处理现场，减少影响

当遇到偶发事件时，教师应该第一时间处理现场，特别是学生受伤时，要及时送至校医室，进行简单处理，并通知家长到校，情况特别严重的，第一时间拨打120，避免延误时间而耽误治疗。

当得知小锐同学受伤时，我第一时间赶到事发现场，询问伤势，判断伤情，及时将小锐送到卫生室。同时，我也及时通知了家长，上报学校，在校长的帮助下，将孩子安全地送到医院，避免伤口再度感染。在医院处理伤口后，小锐在家里人的陪伴下，每两天到医院换一次药，伤口很快愈合了，避免了缝线而造成二度伤害。后来，我也建议小锐妈妈买一些淡化疤痕的药膏给小锐抹。现在，小锐头上一点疤痕都没有。事情总算如大家所愿，大事化小，小事化了，有惊无险。

2. 适时安抚家长，平复情绪

家长看到孩子受伤了，心里肯定很着急，教师要理解家长此时说的一些话可能有些着急、不好听，都是一些气头上的话，此时要保持理智，稳定家长的情绪。

当小锐妈妈接到我的信息后，立马回电话："小锐撞到哪里了？严不严重？我和他爸爸立马赶去学校。"听到小锐妈妈这着急的声音，我理解为人父母最在乎的是孩子的生命安全。我平静地回复她："小锐妈妈，不用担心，现在血止住了，主要是伤口在额头上，校医建议还是到医院看看比较放心。"当小锐妈妈看到儿子时，情绪失控了。我知道这种无声的哭泣背后饱含着母亲对儿子的疼惜。我赶紧安慰小锐妈妈："幸好处理及时，现在血止住了，这是不幸中的万幸。"坐在车上，当校长看到小锐妈妈一直问孩子头晕不晕、想不想吐时，讲述了自己女儿一年级在学校不小心磕到桌角的事情，安慰小锐妈妈孩子在校磕磕碰碰在所难免，庆幸的是孩子的血止住了。当医生告知孩子最好缝针时，小锐妈妈再度崩溃了。我轻轻地拍了拍小锐妈妈的肩膀，告诉她现在最重要的是和爸爸商量好究竟是缝还是不缝，争取把伤害降到最低。最后，小锐父母选择了不缝。还好，现在一点疤痕都没有。

3. 针对深层原因，对症下药

当事件得到及时处理后，教师要通过多方渠道还原事发现场经过，层层剖析找出原因。一个看似偶发的事件，其实背后蕴含着一些平时忽视的管理问题。小锐流血事件的背后是雨天学生课间安全问题。教师在平时开展安全教育时，要加强对学生遇到特殊天气课间活动的指导，让学生可以安全有序地进行课间活动，避免不必要的安全事故的发生。

事情发生以后，我在班里开展了一次"雨天课间活动安全指导"主题班会。在孩子们认识到雨天穿着雨鞋在教室里奔跑的危险后，我引导孩子们说说雨天课间可以做哪些安全有益的事情。孩子们各抒己见，有的说"下雨天，我们可以在教室里下国际象棋"，有的说"我们可以捏轻黏土"，还有的说"我们可以画画"……

是的，教师只要善于抓住真实情境中的关键事件，深究背后的原因，适时引导，就能转"危"为"机"。

4. 形成应急预案

偶发事件的发生，也给我们敲响了警钟。凡事预则立，不预则废，我们要及时进行相关教育，形成应急预案，当此类事件发生的时候，立即启动应急预案，多方协同，沉着冷静地处理。

当第一次经历偶发事件时，我手忙脚乱，被家长牵着鼻子走，与家长就事情的责任起了争执，差点错过了最佳抢救时间。这件事情发生以后，我找出了学校各类突发事件的应急预案，用思维导图的形式形成自己的应急预案。这次事件得以顺利解决，正是因为我能够快速地从脑海里提取出这份应急预案"地图"，及时处理问题，把伤害、损失降到最低。

案例反思

回顾整个事件，能够处理得顺利，要归功于一次失败的处理带给我的反思：立场不同，结果也不同。第一次遇到偶发事件时，我与家长纠结于谁对谁错，是谁的责任，而没有第一时间处理现场，将孩子送至医院。事后我进行了深刻的反思，意识到无论如何要把学生的生命安全放在第一位。所以，当第二次遇到偶发事件时，我第一时间处理了事故现场，再探究原因，最后针对此类情况，在班级里进行安全教育。

偶发事件的发生考验着教师的应急能力，教师要时刻把学生的生命安全放在第一位。事件处理好后，教师要静下心来再深层分析，最后形成预案。当事情妥善解决后，相信家校之间的信任度会大大提高。

（广东省汕头市北墩小学　谢玉）

事件 11：学生情绪失控、行为极端，怎么办？

～～～～～

"向老师，睡了吗？我家发生大事了！"小彭妈妈的信息如一声响雷，震得我睡意全无，立马拨电话给她。

"怎么啦？"

电话那边传来一阵抽泣声："向老师，我儿子刚刚说要跳楼！"

"啊？发生什么事情啦？"

小彭妈妈带着啜泣声，告诉了我事情缘由："下班路上，我看到老师在小管家发的期中成绩，发现儿子成绩直线下降。一回到家，又看到孩子正在玩游戏，气不打一处来，开口就骂了孩子期中考得这么不好，还有时间玩游戏，谁料孩子还顶撞。看着在房间里认真写作业的姐姐，我就说怎么生出他这个不争气的儿子。没等我说完，儿子大声说谁让我把他生出来，还把鼠标扔了出去。而这一幕恰巧被刚进门的爸爸看见了，爸爸就顺手拿起一个衣架揍了儿子一顿。以前小彭被打之后哭一会儿就好，今天也不知道怎么回事，他突然就像发了疯的狮子，咆哮着：'我这么差，你们又打又骂的，当初把我生下来干吗？再逼我，我就从这里跳下去。'他说着就往窗户奔去。当时我脑袋都空白了，还好爸爸反应快，一把抱住了他……"

还没等我开口，小彭妈妈的话又传来了："向老师，我儿子现在学习退步太多了，他整天在学校做什么呢？他现在天天就知道玩游戏！"

"他在学校整体还不错的。"

"向老师，经常听小彭说起您，他现在退步厉害，都是游戏害的，能不能辛苦您帮小彭管理一下手机呢？"

"关于手机，你们可以等孩子情绪平复后和孩子进行约定……"我给出建议。

"今天发生这样的事情，我们是不敢再和他说手机的事情了，所以真的拜托您！"

"你们先好好照顾小彭。手机的事情，我们再共同想办法。"安慰好小彭妈妈后，我却失眠了。

凌晨电话响起，面对小彭妈妈的诉求和孩子的过激表现，我觉得好难！想到可能的后果，后背发凉，一时一筹莫展。

案例分析

处于青春期的孩子，像小彭这样，因为突然的刺激情绪爆发的事情并不鲜见，常常会发生在师生之间、生生之间。如果稍不注意，处理不当，他们的情绪没有得到及时、合理的引导，导致矛盾升级，就会产生意想不到的后果。

通过和家长沟通以及自己的观察，我知道小彭是一个比较开朗的孩子，平时非常好沟通，小学成绩名列前茅，刚进入初中，科目增多，成绩下滑，可能是孩子一时不适应，但家长接受不了。其实，一向优秀的孩子面对自己不够理想的成绩，心里自然也不好受。而面对母亲回家劈头盖脸的教训和爸爸不问青红皂白的打骂，孩子被"逼"得想跳下去一了百了，其实不难理解，只是家长还没意识到这一点。

家长不仅不了解孩子的心理活动，而且抓住他在玩游戏就夸大批评，还惯用姐姐这个榜样去对比弟弟。其实，这份对比积累的怨气在小彭心中积压已久，只要有一个导火线，就会爆发。而爸爸习惯性地用暴力解决问题，却不知极易引发火山的爆发。平时家长都比较忙，以奶奶陪伴居多。但是现在因为上初中了，爸爸妈妈突然格外重视起小彭的成绩来，但忽视孩子的心理感受，让小彭感受到了很大的压力。

而我，作为接手小彭半年的班主任，为了让家长了解孩子的期中成绩，通过小管家下发了成绩，间接导致小彭情绪的爆发，我内心自责；面对突发事件家长的诉求，我感到为难。尽管我平时也注重和孩子的沟通，了解小彭是个有个性的孩子，身上有很多闪光点，也经常鼓励他，但是面对青春期有游戏瘾的孩子，不是替他管理手机这么简单的事。该如何科学处理呢？

解决策略

1. 寻找契机，达成约定

回到学校，我和小彭约在办公室后的小花园聊天。微风吹拂着，暖阳照耀着，我就静静听着眼前这个大男孩讲述着他的成长故事。我就想："这个一直在姐姐光环下长大的孩子，内心是很渴望被关注的，也是很渴望被看见的。"上初中以来，我对他在数学没考好后的鼓励，对他心情不好时的安慰，对他为班级付出时的点赞，都让他感受到了被看见。因此，他愿意敞开心扉，与我沟通。但是这些还远远不够，他需要一个舞台。我突然想起同学们对小彭的评价："非常幽默。"于是我计上心头："小彭，你点子多，你帮老师想想在班级可以开展什么活动提高同学们的表达能力呢？""嗯……演讲吧。""你这个点子不错，我想让你作为这个活动的总统筹兼主持人。""我可以吗？""你可以的！有问题可以随时找我，我会帮你的。"小彭点了点头。

那一天，在赋予小彭新的职位之后，我们又聊了很多。我通过理想教育让小彭树立新目标，通过学长故事让其进行对标，找出差距；通过引导其自身反思，意识到问题所在。当小彭说到手机管控问题时，我给出两个选项让他选择。最后，我们达成约定：学习日我代小彭保管手机，周末他拿回去。

2. 引导家长，智慧养育

家长望子成龙、望女成凤的心态，我们可以理解。但孩子是在不断成长的，而且不同的孩子也是不一样的，家长要与时俱进，不断成长，懂得欣赏每一个孩子的与众不同，及时给予孩子鼓励。

我作为班主任，不仅仅要教书育人，更要及时与家长沟通，进行引导，只有这样，才可以家校共育，共促孩子成长。因此，对于家长，我在以下三个方面作了努力：

首先，理解家长。家有两个孩子，女儿成绩优异，非常自觉，不用操心；而儿子却是没有目标，得过且过，浑浑噩噩。这难免会引发家长的不良情绪。因此，我在与家长沟通时，首先表示理解家长，为后续沟通奠定基础。

其次，指导家长。初中是孩子成长骤变期，而且一般来说，男孩的心理成熟时间要比女孩稍晚，因此家长不能再用原有的观念去引导孩子。而对于有二孩的家庭，更要注意不要在两个孩子之间对比，要学会欣赏孩子的不同。我常与小彭家长分享小彭在学校的成长，特别是他担任"演讲吧总统筹"的视频、照片。小彭家长看到孩子总是给同学带来一阵阵的欢声笑语，惊叹孩子"原来那么幽默"。我便趁热打铁，告诉小彭父母回家如何夸孩子。一段时间以后，小彭父母报喜来了，现在亲子关系越来越好了，家里也充满了欢声笑语。小彭也越来越自律，会早早写完作业，早些睡觉。我听到小彭妈妈的反馈，也非常开心。

最后，嘉许家长。其实，不仅仅是孩子，家长也渴望被看见。在多次沟通后，小彭家长作出一系列的改变：由之前的挑刺到现在的欣赏，由之前的脾气暴躁到现在的心平气和，由之前的沿用老观念到现在的爱学习，由之前只要求孩子到现在的以身示范……针对家长的改变，我也会经常给予欣赏，肯定他们是智慧的父母，懂得和孩子共同成长。嘉许也让家长更加有成就感。

3. 组织活动，正面引导

其实，这个突发事件，给了我一个重要的提醒，那就是相比于"教好书"，我们更要"育好人"。那在班级管理的过程中如何才能做好育人工作呢？通过这件事情，我意识到平时要做到以下几点：

一是教会孩子做好情绪管理。我在班级里，通过多种途径来引导孩子学会做情绪的主人：我把情绪脸谱引入课堂，引导孩子识别不同的表情；设置班级信箱，给予学生表达情绪的窗口；利用班会共同探讨良好情绪小妙招，鼓励学生日常践行。

二是教会孩子做好时间管理。我同样采用了多样的方法：通过班会介绍时间管理的方法，邀请学长学姐来进行榜样示范，举办 21 天成为时间管理小达人的活动，等等。由此，实现了以点带面，真正地让个人促进班集体的成长。

三是教会孩子找到自己的舞台。在班级岗位设置上，争取做到"人人有事做，事事有人做"；在班级小组管理上，在小组成长本上增加了"夸夸组员"部分；在班级每日小结上，引导班干部总结班级好人好事；在班级的每周小结上，反馈每一个孩子的"高光时刻"。

班级管理的最终目的就是，让每一个学生找到自己的人生方向，激发他们的内部成长动力。

案例反思

回顾整个事件，之所以处理起来比较顺利，是因为功夫在平时。平时我通过学习家庭教育理论，明白了教育孩子的方法，由此拉近了我和学生的距离，在处理学生问题时更加游刃有余。以后，我会更加注重与孩子、家长的情感联结。

这件事情的起因是我发布了孩子的期中成绩，虽然是采取单独发放的方式，并没有生生之间的对比，但是没有考虑到家长会和小学成绩对比，下次在发布成绩之前应该进行更加详细的说明，温馨提醒家长理智看待孩子的成绩，如果遇到问题，可以及时与教师沟通。而对于家长的教育观念跟不上孩子成长步伐这个问题，在以后的时间里，可以通过共读书籍、案例探讨、家长分享等，转变家长观念，缓解家长焦虑，避免意外发生。而对初中生的手机管理，一直是个老大难问题，最重要的是引导学生提高自我认识和自我约束。

每一次的意外，其实对于我们不仅是挑战，更是机会。让我们一起拥抱"意外"，不断成长！

（广东省深圳市布心中学　向小群）

后 记

　　《智慧教师的修炼之道：成为积极的问题解决者》一书，是广东省王怀玉名班主任工作室的集体研究成果。近年来，本工作室聚焦教师专业能力提升之"班级建设力""沟通协调力"和"学生成长指导力"开展了系列研修。本案例集正是在两年的集体研修中，从学员们所提供的 120 多个不同维度案例中精选出的代表性案例。在工作室教研员耿申教授和导师周峰教授的理论指导下，工作室主持人王怀玉作为第一责任人和工作室核心成员林小燕，负责全书框架结构、体例确定以及下水文写作。工作室助手赵霞负责组织稿件征集和收集，邓小冬、郎丰颖、林小燕、赵霞、陈才英老师共同参与了案例筛选工作。王怀玉、林小燕老师作为主编，对所选出的案例进行再筛选，确定出四类案例，由赵霞、邓小冬、林小燕和王怀玉老师各自承担一类案例的修改意见反馈及督导。郎丰颖、陈才英、王琼、李世勇老师参与统稿中的文字校对等工作。编辑审定后，王怀玉、林小燕和赵霞老师根据编辑意见提炼各案例题目及内容，并进行逐篇再校对和部分修改。王怀玉老师进行最后统稿。

　　作为工作室研究成果，本书撰写与工作室主题研修相结合，得到了工作室主管部门广东省中小学德育中心、深圳市教育局和南山区教育局及南山外国语学校（集团）第二实验学校领导们的大力支持；在前期研究和主题选定过程中，学习参考了北京教育科学研究院教师研究中心团队关于"教师核心素养"的研究成果，得到北京教育科学研究院教师研究中心耿申研究员、《班主任》杂志社社长赵福江、华东师范大学出版社卢风保编辑的专业指导；广东省中小学德育研究中心周峰主任，作为王怀玉名班主任工作室的理论导师，从工作室成果转化力角度，对本工作室研修成果打磨寄予厚望和具体指导。在此一并表示感谢！

名师工作室作为教师专业发展的一个成长舞台，通过互学共研，提升全体成员带班能力和育人智慧，创造美好的班级生活，为促进学生核心素养提升和关键品格发展探索有效途径，从而更好地发挥辐射引领作用。基于广泛的调研，聚焦教师日常工作中感到头疼和棘手的教育难题（即各类突发问题），从日常教育工作中发掘针对性话题，提出有价值的问题，形成一个个研究点，将研究与写作结合起来，是王怀玉老师带领工作室成员共同成长的实践经验积累。

本书的写作过程，也是主题研修的过程。通过征集案例，引导全体学员回到教育现场，发现问题；再分阶段、分主题，通过鲜活的案例分享与回顾，寻找显性问题背后的内在原因，分析问题；最后再通过实践提炼，综合考虑，寻找科学、适切的方法，解决问题。

以写促思、以研促训是本工作室研修的一大特点，我们期待以写作为支点，实现"实践反思—学习思考—实践提升—成果转化"的研修闭环。在实践探索之路上，受精力、能力和所关注的问题焦点限制等因素，本书案例所呈现的解决策略还有很大的改善空间和进一步完善之处，欢迎广大读者尤其是教育工作领域的专业人士和研究人员，提出宝贵意见。我们将在实践中不断积累新案例、探索新策略，进一步提高我们的带班育人能力。

本书编委会